PONS

Sprechen wie ein echter SPANIER

Der wichtigste Wortschatz – sofort mitreden

PONS

Sprechen wie ein echter Spanier

Der wichtigste Wortschatz – sofort mitreden

Bearbeitet von: Dr. Christiane Wirth, Torsten Lasse

1. Auflage 2019 (1,01 - 2019)

www.pons.com
E-Mail: kundenservice@pons.de

Illustrationen: Vera Brüggemann
Logoentwurf: Erwin Poell, Heidelberg
Logoüberarbeitung: Sabine Redlin, Ludwigsburg
Satz: Lumina Datamatics Ltd.
Druck: Print Consult GmbH, München
Printed in Europe

ISBN 978-3-12-516175-7

Inhalt

Abkürzungen im Buch:

abw	abwertend
ugs	umgangssprachlich
slang	Slang
vulg	vulgär
vulg!	sehr vulgär

Vorwort

Du hast Spanisch in der Schule oder in einem Kurs gelernt und verfügst über solide Grundkenntnisse? Du findest dich in der Schriftsprache zurecht, stößt aber an deine Grenzen, wenn du die Menschen auf der Straße Spanisch sprechen hörst?

In „Sprechen wie ein echter Spanier“ haben wir für dich den wichtigsten Alltagswortschatz zusammengetragen, wie er nicht in den Schulbüchern steht, zu Themen, die aus dem wirklichen Leben gegriffen sind.

Bewusst haben wir auf Grammatikregeln verzichtet und uns darauf konzentriert, was du brauchst, um sofort mitreden zu können: Hinweise für eine korrekte Aussprache und Beispielsätze, die dir zeigen, wie du jedes Wort im Zusammenhang richtig anwendest. Probiere es aus, und tauche auf deiner Reise noch schneller in die neue Sprache ein.

Viel Erfolg und viele schöne Begegnungen wünscht dir

Deine
PONS Redaktion

Lernst du noch oder sprichst du schon?

Wie gut sind deine Spanischkenntnisse?
Kennst du die wichtigsten Wörter auf Spanisch?
Mach diesen Schnelltest und finde es heraus!

1 Was bdeutet **salado**?
a salzig
b Salat
c salzen

2 **la guía** heißt nicht …
a Reiseleiter, Reiseleiterin
b Reiseführer
c Reisetasche

3 Was machst du, wenn du **zu Mittag isst**?
a cenar
b desayunar
c almorzar

4 Wie werden die Deutschen in Spanien genannt?
a macarrón
b cabeza cuadrada
c franchute

5 Wie bezeichnet man in Spanien etwas Positives?
a descarado
b coñazo
c cojonudo

6 Du willst deinem Kumpel einen Vorschlag machen, wie ihr eure Zeit verbringen könntet. Was sagst du?

- **a** Vamos a apalancarnos delante de la tele.
- **b** ¡Anda, no te hagas el interesante!
- **c** ¡Jodó, estás pa' l'arrastre!

7 Wie heißen die berühmten spanischen Häppchen, die zu Wein und Bier gereicht werden?

- **a** tapas
- **b** tortillas
- **c** bocadillos

8 Was bedeutet **garito**?

- **a** Gitarre
- **b** Kneipe
- **c** Spelunke

9 Wie kann man **querer** nicht übersetzen?

- **a** wollen
- **b** lieben
- **c** queren

10 Welches dieser Wörter hat nichts mit **saufen** zu tun?

- **a** bolinga
- **b** asado
- **c** botellón

Lösung: 1a, 2c, 3c, 4b, 5c, 6a, 7a, 8c, 9c, 10b.

AUSWERTUNG

WENIGER ALS 3 RICHTIGE ANTWORTEN:
Wenn du regelmäßig einen Blick in „Sprechen wie ein echter Spanier“ wirfst, wirst du sehr bald ganz viele neue, wichtige Wörter kennen – hier findest du alles, was du wissen musst.

3 BIS 6 RICHTIGE ANTWORTEN:
Nicht schlecht! Du kennst dich gut aus! Aber wetten, dass du in diesem Buch noch so einiges findest, was du bisher nicht gewusst hast?

7 BIS 10 RICHTIGE ANTWORTEN:
PONS gratuliert – du bist richtig gut! Aber man lernt ja nie aus, oder? Mit diesem Buch findest du heraus, ob du auch die anderen wichtigen Wörter der Alltagssprache kennst!

Die richtige Aussprache

- Alle Vokale sind offen und halblang und müssen deutlich ausgesprochen werden.
- **a, e** und **o** bilden zusammen mit **i, y** oder **u** einen Doppellaut: l**ue**go (später); h**oy** (heute).

[i]	wird wie kurzes **i** ausgesprochen	hobb**y** ['xoβi]
[j]	**i** in Doppellauten; wird wie **j** ausgesprochen	pas**ió**n [pa'sjon]
[u̯]	im Doppellaut **au, eu, ou**; in der Buchstabenkombination **qu** ist das **u** immer stumm	n**eu**tral [neu̯'tral], par**que** ['parke]
[w]	wenn **u** als erstes Element in Diphthongen oder Triphthongen gesprochen wird	ab**ue**lo [a'βwelo]
[b, p]	weicher als im Deutschen	**b**ien ['bjen], **p**adre ['paðre]
[b]	Verschlusslaut – **b** und **v** werden identisch ausgesprochen: weich, zwischen den Lippen	**v**ino ['bino], ham**b**re ['ambre]
[β]	Reibelaut – beide werden weich, zwischen den Lippen ausgesprochen	clu**b** [kluβ]
[m]	jedes nicht wortauslautende **m**, und **n** vor [p] oder [b]	ho**m**bre ['ombre], co**n**venio [kom'benjo]
[ɱ]	jedes **n** vor **f**	co**n**ferencia [koɱfe'reṇθja]
[n]	wird wie das deutsche **n** in **N**ote ausgesprochen	**n**o [no]
[ṇ]	**n** in Verbindung mit darauffolgendem [θ]	o**n**ce ['oṇθe]
[n̪]	am Zahnfleisch der oberen Schneidezähne gebildetes **n**; steht vor **t** oder **d**	quinie**n**tos [ki'njen̪tos]

[ŋ]	**n** am Silbenende vor einem Konsonant, der am hinteren Gaumen gebildet wird	extra**n**jero [estraŋˈxero]
[ɲ]	wie ein deutsches **nj** oder **gn** bei „Champagner“	a**ñ**o [ˈaɲo]
[f]	wie **ff** in „Kaffee“	ca**f**é [kaˈfe]
[k]	wie ein deutsches **k**: **c + a/o/u** und **qu + e/i** und **c** + Konsonant (**l**, **r**, **t**, usw.); bei **qu** ist das **u** immer stumm	**k**ilo [kilo], **c**onducir [kon̪duˈθir], prá**c**tica [ˈpraktika], **qu**erer [keˈrer]
[g]	wie ein deutsches **g**: im Anlaut vor **a**, **o**, **u** und vor Konsonanten	**g**obierno [goˈβjerno]
[ɣ]	wie ein deutsches **g** leicht gehaucht, tritt in den Gruppen **g + a / o / u** und **gu + e / i** auf, wenn es nicht im absoluten Anlaut steht oder auf **n** folgt	a**gu**a [ˈaɣwa], anti**gu**o [an̪ˈtiɣwo]
[x]	wie ein deutsches **ch** in „Bach“: **g** + **e**/**i** und **j**.	inteli**g**ente [in̪teliˈxen̪te], traba**j**ar [traβaˈxar]
[d, t]	beide viel weicher als im Deutschen	**d**ía [ˈdia], **t**odo [ˈtoðo]
[ð]	noch weicher als [d]	ayu**d**a [aˈɟuða], de**d**o [ˈdeðo]
[θ]	stimmloser Lispellaut, der mit der Zunge zwischen den Zähnen gebildet wird (stärker als das englische „th“): **c + e/i** oder **z**	**c**erve**z**a [θerˈβeθa]
[l]	wie ein deutsches **l**	**l**a [la], sa**l**vador [salβaˈðor]
[l̟]	zwischen den Zähnen gebildetes **l**, immer gefolgt von [θ]	du**l**ce [ˈdul̟θe]
[l̪]	an den oberen Zähnen gebildetes **l**, immer in Verbindung mit **d** oder **t**	espa**l**da [esˈpal̪da], so**l**tero [sol̪ˈtero]
[ʎ]	wie ein hartes deutsches **j** zwischen Vokalen	mura**ll**a [muˈraʎa], vaji**ll**a [baˈxiʎa]
[s]	immer stimmlos, wie das deutsche **ss**	ca**s**ado [kaˈsaðo], **s**alario [saˈlarjo]

[ɾ]	leichtes Zungen-r: zwischen zwei Vokalen innerhalb eines Wortes oder am Ende eines Wortes	espe**r**ar [espeˈɾar] dolo**r** [doˈlor]
[rr]	stark gerolltes Zungen-**r**: bei **rr** zwischen Vokalen, **r** am Anfang oder am Ende eines Wortes, **r** vor oder nach Konsonant	**r**eservar [rreserˈβar], mad**r**e [ˈmaðre]
[tʃ]	stimmloses deutsches **tsch**	**ch**oque [ˈtʃoke], man**ch**ar [manˈtʃar]
[ɟ]	wie ein weiches deutsches **j**, wenn **y, hi** im Silbenanlaut (außer wenn **n, l** vorausgehen) oder im Anlaut einer schwachbetonten Silbe stehen	ma**y**o [ˈmaɟo], apo**y**ar [apoˈɟar]
[dʒ]	stimmloses deutsches **dsch**	**j**azz [dʒas]
[ʃ]	wie ein deutsches **sch**	**sh**ock [ʃok]

Mein Name ist ...

Sich vorstellen

me llamo...
[meʎa'mo] **ich heiße ...**
Me llamo Juan, ¿y tú?
➡ *Ich heiße Juan, und du?*

el nombre (de pila)
['nombre] **der (Vor)name**
¡Qué corte!, se me ha olvidado su nombre. ➡ *Wie peinlich! Ich habe seinen Namen vergessen!*

el apellido
[ape'ʎiðo]
der (Familien)name
¿Cuál es tu primer apellido?
➡ *Wie lautet dein erster Familienname?*

¿Qué tal? – Bien, ¿y tú? Wie geht's? – Gut, und dir?

deletrear
[deletre'ar] **buchstabieren**
¿Me deletreas tu apellido?
➡ *Buchstabierst du mir deinen Namen?*

el carné (de identidad)
['kar'ne] **der Personalausweis, der Perso** *ugs*
El poli me pidió el carné.
➡ *Der Polizist wollte meinen Ausweis sehen.*

la temporada
[tempo'raða] **die Zeit**
Planea una temporada en el extranjero. ➡ *Er / Sie plant einen Auslandsaufenthalt.*

el extranjero
[estraŋ'xero] **das Ausland**
Pasó tres años en el extranjero.
➡ *Er / Sie lebte drei Jahre im Ausland.*

viajar
[bja'xar] **reisen**
Siempre viajan en grupo.
➡ *Sie reisen immer in der Gruppe.*

el viaje
[bi'axe] **die Reise**
En junio me voy de viaje.
➡ *Im Juni werde ich eine Reise unternehmen.*

el extranjero
[estraŋ'xero] la extranjera
der Ausländer, die Ausländerin
Mi vecino es extranjero.
➡ *Mein Nachbar ist Ausländer.*

el extraño
[es'traɲo] **la extraña**
der Fremde, die Fremde
No abras nunca la puerta a extraños. ➡ *Mach nie einem Fremden die Tür auf.*

¡Buenas noches!
Guten Abend! / Gute Nacht!

entender
[en̪ten̪'der] **verstehen, begreifen**
Ya entiendo lo que me dices. ➡ *Ich verstehe schon, was du sagst.*

conocer[1]
[kono'θer] **kennen**
¿Conoces algún bar que esté bien? ➡ *Kennst du 'ne gemütliche Kneipe? ugs*

conocer[2]
[kono'θer] **kennenlernen**
Nos conocimos en una fiesta. ➡ *Wir haben uns auf einem Fest kennengelernt.*

contar
[kon̪'tar] **erzählen**
¡Cuéntame todo lo que pasó! ➡ *Erzähl mir alles, was geschehen ist!*

la conversación
[kombersa'θjon]
die Unterhaltung
Tuvimos una conversación muy agradable. ➡ *Wir haben uns sehr angenehm unterhalten.*

aclarar
[akla'rar] **(auf)klären**
Aclaremos la situación sin malentendidos. ➡ *Klären wir die Situation ohne Missverständnisse.*

presentar(se)
[presen̪'tar] **(sich) vorstellen**
¡Hola! Te presento a Sebastián, mi chico. ➡ *Hallo! Darf ich dir meinen Freund Sebastián vorstellen?*

el estudiante
[estu'ðjan̪te] **la estudiante**
der Student, die Studentin
Es estudiante de derecho. ➡ *Er / Sie ist Jurastudent(in).*

el cumple(años)
[kumple('aɲos)] **der Geburtstag**
Mi cumple(años) es el doce de diciembre. ➡ *Ich habe am zwölften Dezember Geburtstag.*

la edad
[e'ðað] **das Alter**
Hoy en día la edad no importa. ➡ *Heutzutage ist das Alter unwichtig.*

Familie & Freunde

la familia
[fa'milja] **die Familie**
Esta familia está muy unida.
➡ *Diese Familie steht sich sehr nahe.*

el hermano
[er'mano] **la hermana**
der Bruder, die Schwester
Mi hermana no se parece en nada a mí. ➡ *Meine Schwester ist mir kein bisschen ähnlich.*

los padres
['paðres] **die Eltern**
Tiene 40 años y todavía vive con sus padres.
➡ *Er ist 40 und lebt noch immer bei seinen Eltern.*

la madre
['maðre] **die Mutter**
Mi madre es la mejor cocinera del mundo. ➡ *Meine Mutter ist die beste Köchin der Welt.*

la vieja *vulg, abw*
['bjexa] **die Alte** *abw*
Mi vieja no deja de llamarme por teléfono. ➡ *Meine Alte ruft ständig an.*

el padre
['paðre] **der Vater**
Su padre es alemán. ➡ *Sein/Ihr Vater ist Deutscher.*

el viejo *vulg, abw*
['bjexo] **der Alte** *abw*
Mi viejo no me quiere dar más dinero. ➡ *Mein Alter will mir kein Geld mehr geben.*

el marido
[ma'riðo] **der Ehemann**
A mi marido le encanta cocinar.
➡ *Mein Mann kocht gerne.*

Es un calzonazos, la que manda es la mujer. Er ist ein Pantoffelheld, seine Frau hat die Hosen an. *ugs*

el hombre
['ombre] **der Mann**
Se comportó como un hombre de verdad. ➡ *Er benahm sich wie ein echter Mann.*

la mujer[1]
[muˈxer] **die Ehefrau**
Mi mujer trabaja en un banco. ➡ *Meine Frau arbeitet bei der Bank.*

la mujer[2]
[muˈxer] **die Frau**
¿Has visto a la mujer del vestido rojo? ➡ *Hast du die Frau mit dem roten Kleid gesehen?*

soltero
[sol̪ˈtero] soltera **ledig**
Pienso estar soltero toda mi vida. ➡ *Ich habe vor, für immer ledig zu bleiben.*

casado
[kaˈsaðo] casada **verheiratet**
¿Estás casado? ➡ *Bist du verheiratet?*

divorciado
[diβorˈθjaðo] divorciada **geschieden**
Estoy divorciada hace tres años. ➡ *Ich bin seit drei Jahren geschieden.*

viudo
[ˈbjuðo] viuda **verwitwet**
Mi vecina está viuda. ➡ *Meine Nachbarin ist verwitwet.*

la tía[1]
[ˈtia] **die Tante**
Tengo una tía de noventa años. ➡ *Ich habe eine Tante, die neunzig Jahre alt ist.*

la tía[2] *slang*
[ˈtia] **die Schachtel** *slang*
Esa tía no está bien de la cabeza. ➡ *Die Schachtel ist komplett verrückt.*

el tío[1]
[ˈtio] **der Onkel**
Este es el tío de Cristina. ➡ *Dies ist Cristinas Onkel.*

el tío[2] *slang*
[ˈtio] **der Kerl** *ugs*
Es un tío muy simpático. ➡ *Er ist ein sehr netter Kerl.*

Oye, tío, ¿por qué no salimos hoy?
Hey, Alter, gehen wir heute aus? *slang*

chico
[ˈtʃiko] **der Junge**
Este chico es muy vago. ➡ *Dieser Junge ist sehr faul.*

chica
[ˈtʃika] **das Mädchen**
Es una chica muy maja.
➡ *Sie ist ein sehr freundliches Mädchen.*

el niño
[ˈniɲo] **das Kind**
Lucía tiene cuatro niños.
➡ *Lucía hat vier Kinder.*

el bebé
[beˈβe] **das Baby**
Los bebés dan mucho trabajo.
➡ *Ein Baby macht viel Arbeit.*

el hijo
[ˈixo] la hija **der Sohn, die Tochter**
Tiene un hijo en la universidad.
➡ *Er / Sie hat einen Sohn, der studiert.*

¡Será hijo de puta!
Was für ein Bastard! *abw*

joven
[ˈxoβen] **jung**
Tu padre parece muy joven.
➡ *Dein Vater sieht sehr jung aus.*

viejo
[ˈbjexo] vieja **alt**
Mi abuela es muy vieja pero se conserva bien. ➡ *Meine Oma ist sehr alt, aber fit.*

el adulto
[aˈðul̥to] la adulta
der Erwachsene, die Erwachsene
La peli es para adultos.
➡ *Der Film ist für Erwachsene.*

los abuelos
[aˈβwelos] **die Großeltern**
Voy a ver a mis abuelos todos los domingos. ➡ *Ich besuche meine Großeltern jeden Sonntag.*

el abuelo
[aˈβwelo] la abuela
der Opa, die Oma
El abuelo siempre está contando historietas.
➡ *Opa erzählt immer wieder die alten Geschichten.*

el caballero
[kaβaˈʎero] **der Kavalier**
Se cree un caballero, pero es un capullo. ➡ *Er hält sich für einen Kavalier, in Wirklichkeit ist er ein Depp.* ugs

el amigo
[aˈmiɣo] la amiga
der Freund, die Freundin
Es un amigo de la infancia.
➡ *Er ist ein Jugendfreund.*

el novio
[ˈnoβjo] la novia
der Freund, die Freundin
Me he enterado de que tienes novio. ➡ *Ich habe erfahren, dass du einen Freund hast.*

la amistad

[amis'tað] **die Freundschaft**
Nuestra amistad tiene tantos años como nosotros.
➡ *Unsere Freundschaft besteht schon seit der Kindheit.*

el amor

[a'mor] **die Liebe**
¿Crees que el amor está pasado de moda?
➡ *Glaubst du, dass Liebe altmodisch geworden ist?*

enamorado

[enamo'raðo] enamorada
verliebt
Está enamorado de una chica española. ➡ *Er ist in ein Mädchen aus Spanien verliebt.*

querer[1]

[ke'rer] **lieben**
Te quiero, así de simple.
➡ *Ich liebe dich, so einfach ist das.*

querer[2]

[ke'rer] **wollen**
¡Quiero unas vacaciones!
➡ *Ich will endlich in Urlaub!*

Die Spanier sind bekannt für ihre Gastfreundschaft und ihre Freundlichkeit. Dabei vergessen Fremde jedoch häufig, dass so manche Floskel einfach nur zum guten Ton gehört.
Hat man einen Spanier flüchtig kennengelernt, wird er beim Abschied sicherlich sagen, dass er sich melde und dass man ihn zu Hause besuchen solle. Bevor man nun vergeblich auf diesen Anruf wartet, sollte man sich besser gleich vergewissern, ob diese Aussage auch tatsächlich ernst gemeint war.

Das Wichtigste in Kürze

En familia	**In der Familie**
mis viejos *vulg*	*meine Alten*
mi vieja *vulg*	*meine Alte*
mi viejo *vulg*	*mein Alter*
el renacuajo	*der Dreikäsehoch*
el yogurín	*der kleine Scheißer / Knirps (männl.)*
la yogurina	*die Göre (weibl.)*
mi querido hermanito	*mein Bruderherz*
mi querida hermanita	*mein Schwesterherz*

Saludar	**Grüßen**
¡Buenos días! *(ca. bis 14 Uhr)*	*Guten Morgen!*
¡Buenas tardes! *(ca. bis 20 / 21 Uhr)*	*Guten Tag!*
¡Buenas noches!	*Guten Abend!*
¡Hola!	*Hallo!*
¡(Muy) buenas!	*Guten Tag / Morgen / Abend!*
¡Hola! / ¿Qué tal? / ¿Qué hay?	*Grüß dich!*

Preguntar por la salud de alguien	**Nach dem Befinden fragen**
¿Cómo está usted? ¿Cómo le va?	*Wie geht es Ihnen?*

¿Cómo estás? ¿Cómo te va?	*Wie geht es dir?*
¿Qué hay? ¿Qué tal?	*Wie geht's?*
Bien, gracias. ¿Y usted / tú?	*Gut, danke. Und Ihnen / dir?*

Presentarse	**Sich vorstellen**
Permítame que me presente.	*Darf ich mich vorstellen?*
Mi nombre es Michael. Me llamo Michael. Soy Michael.	*Mein Name ist Michael.* *Ich heiße Michael.* *Ich bin Michael.*
Encantado / Encantada (de conocerle / te).	*Sehr angenehm! / Freut mich, Sie / dich kennenzulernen.*
¡Mucho gusto (en conocerle / te)!	*Freut mich sehr(, Sie / dich kennenzulernen)!*
Ya he oído hablar mucho de usted.	*Ich habe schon viel von Ihnen gehört.*

Despedirse	**Sich verabschieden**
¡Adiós! / ¡Hasta la vista!	*Auf Wiedersehen!*
¡Hasta luego!	*Bis später!*
¡Hasta pronto!	*Bis bald!*
¡Hasta la próxima!	*Bis zum nächsten Mal!*
¡Adiós! / ¡Hasta luego! / ¡Chau!	*Tschüss! / Ciao!*
¡Que te vaya bien! ¡Adiós!	*Mach's gut!*
(Bueno,) ¡hasta pronto! / ¡Bueno, entonces hasta pronto!	*(Also dann,) bis bald!*
¡Hasta mañana!	*Bis morgen!*
¡Hasta la próxima semana / la semana que viene!	*Bis nächste Woche!*
¡Nos vemos!	*Wir sehen uns! / Man sieht sich!*

¡Buenas noches, que descanses!	*Gute Nacht, schlaf gut / schön!*
Adiós, buen viaje.	*Tschüss! Gute Reise!*
¡Cuídate!	*Pass auf dich auf!*
¡Que tenga Usted un buen día!	*Einen schönen Tag noch!*

Dar las gracias	**Sich bedanken**
¡Gracias! ¡De nada! / ¡No hay de qué!	*Danke! – Bitte! / Gern geschehen! / Keine Ursache!*
¡Muchas gracias! ¡De nada! / ¡No hay de qué!	*Danke sehr / schön! / Vielen Dank! – Gern geschehen! / Keine Ursache!*
¡Un millón de gracias! ¡De nada! / ¡No hay de qué! / ¡Pero, por favor, no tiene importancia / no hace falta!	*Tausend Dank! – Bitte, bitte! / Aber bitte, das ist doch nicht der Rede wert!*

Hacer cumplidos	**Komplimente machen**
¡Qué bonito!	*Wie schön!*
¡Esto es fantástico!	*Das ist wunderbar!*
¡No está mal!	*Das sieht gut aus!*
Tienes (muy) buen aspecto. / Estás (muy) guapo. – ¡Oh, gracias!	*Du siehst (sehr) gut aus. – Oh, danke!*
¿Sabe Usted que baila maravillosamente? – ¿De verdad?	*Wissen Sie, dass Sie wunderbar tanzen! – Wirklich?*
¡La comida estaba estupenda!	*Das Essen war ausgezeichnet!*
Hemos estado muy bien con Ustedes.	*Wir haben uns bei Ihnen sehr wohlgefühlt.*
Qué bien lo hace Usted!	*Sie machen das wunderbar!*

Disculparse	**Sich entschuldigen**
¡Perdón! / ¡Disculpe / Disculpa!	*Entschuldigung! / Verzeihung! / Pardon!*
¡(Oh,) no era mi intención!	*(Oh,) das hab ich nicht gewollt!*
¡Lo siento (mucho)!	*Das tut mir leid!*
¡Perdone usted! / ¡Disculpe usted, por favor! No era mi intención.	*Entschuldigen Sie bitte! Das war nicht meine Absicht.*
Me tengo que disculpar de verdad por ello.	*Ich muss mich dafür wirklich entschuldigen.*
¡No pasa nada! ¡No tiene importancia!	*Schon okay! Das macht doch nichts!*
¡No pasa nada! ¡No importa!	*Keine Ursache! Macht nichts!*

Origen y estancia	**Herkunft und Aufenthalt**
¿Lleva usted / Llevas ya mucho tiempo aquí?	*Sind Sie / Bist du schon lange hier?*
Estoy aquí hace dos semanas.	*Ich bin seit zwei Wochen hier.*
¿Cuánto tiempo se queda / te quedas?	*Wie lange bleiben Sie / bleibst du?*
¿Es la primera vez que está usted / estás aquí?	*Sind Sie / Bist du zum ersten Mal hier?*
¿Qué le parece?	*Wie finden Sie es?*
¿De dónde es usted / eres?	*Woher kommen Sie / kommst du?*
Soy de Berlín.	*Ich komme aus Berlin.*

Von Kopf bis Fuß

Der Körper

el cuerpo
[ˈkwerpo] **der Körper**
Los nadadores están muy buenos, tienen un cuerpo perfecto. ➡ *Die Schwimmer sehen super aus, sie haben perfekte Körper.* slang

la cabeza
[kaˈβeθa] **der Kopf**
Me duele la cabeza.
➡ *Ich habe Kopfschmerzen.*

la olla *slang*
[ˈoʎa] **die Birne** *slang*
Tengo la olla vacía. ➡ *Mir fällt nichts mehr ein, meine Birne ist leer.*

el pelo
[ˈpelo] **das Haar**
Me voy a dejar el pelo largo.
➡ *Ich werde meine Haare wachsen lassen.*

la cara
[ˈkara] **das Gesicht**
Su cara me recuerda a alguien.
➡ *Sein / Ihr Gesicht erinnert mich an jemanden.*

la oreja
[oˈrexa] **das Ohr**
Lleva cuatro pírsines en cada oreja. ➡ *Er / Sie hat vier Piercings an jedem Ohr.*

el ojo
[ˈoxo] **das Auge**
¿De qué color tienes los ojos?
➡ *Was hast du für eine Augenfarbe?*

mirar(se)
[miˈrar] **(an)sehen**
Mírame a los ojos y dímelo otra vez. ➡ *Sieh mir in die Augen und sag's noch einmal.*

la nariz
[naˈriθ] **die Nase**
Tengo la nariz taponada por el catarro. ➡ *Ich habe eine verstopfte Nase, da ich Schnupfen habe.*

la trocha *slang*
[ˈtroʧa] **der Kolben** *slang*
Le ha dado en la trocha.
➡ *Er / Sie hat voll eins auf den Kolben gekriegt.* ugs

la boca
[ˈboka] **der Mund**
Abre la boca y cierra los ojos.
➡ *Mund auf, Augen zu!*

el labio
[ˈlaβjo] **die Lippe**
Siempre lleva los labios rojos.
➡ *Sie schminkt sich die Lippen immer rot.*

el cuello
['kweʎo] **der Hals**
Esa chica tiene cuello de cisne. ➡ *Das Mädchen hat einen langen, schönen Hals.*

el hombro
['ombro] **die Schulter**
Suelo tener el hombro muy tenso. ➡ *Meine Schulter ist oft sehr verspannt.*

el brazo
['braθo] **der Arm**
Luis se ha roto el brazo en un accidente. ➡ *Juan hat sich bei einem Unfall den Arm gebrochen.*

la mano
['mano] **die Hand**
Le saludó dándole la mano. ➡ *Er / Sie gab ihm / ihr zur Begrüßung die Hand.*

¡Deja de meterme mano!
Hör auf mich zu befummeln! *ugs*

el dedo
['deðo] **der Finger**
En la mano izquierda le falta un dedo. ➡ *An der linken Hand fehlt ihm / ihr ein Finger.*

el pecho[1]
['petʃo] **die Brust**
No me gustan los hombres con mucho pelo en el pecho. ➡ *Männer mit zu viel Haaren auf der Brust gefallen mir nicht.*

el pecho[2]
['petʃo] **der Busen**
María está acomplejada, dice que tiene un pecho muy pequeño. ➡ *María ist voller Komplexe. Sie sagt, sie habe einen winzigen Busen.*

la teta *ugs*
['teta] **die Titte** *vulg*
¡Esa mujer tiene unas tetas magníficas! ➡ *Diese Frau hat unglaubliche Titten!*

el pezón
[pe'θon] **die Brustwarze**
Los pezones del hombre y de la mujer son muy excitables. ➡ *Die Brustwarzen sind bei Männern und Frauen sehr berührungsempfindlich.*

la barriga
[ba'rriɣa] **der Bauch**
Me duele la barriga. ➡ *Ich habe Bauchschmerzen.*

la tableta de chocolate *ugs*
[ta'βletadetʃoko'late]
der Waschbrettbauch
Desde que hace tanto deporte tiene un estómago de tableta de chocolate. ➡ *Seit er so viel Sport treibt, hat er einen unglaublichen Waschbrettbauch.*

el pene
['pene] **der Penis**
Cuando un hombre tiene una erección se nota en su pene. ➡ *Wenn ein Mann eine Erektion hat, sieht man das an seinem Penis.*

la polla *vulg*
['poʎa] **der Schwanz** *vulg*
Cree que tiene la polla más grande del mundo. ➡ *Er glaubt, er hätte den größten Schwanz der Welt.*

la vagina
[ba'xina] **die Scheide**
La vagina es el órgano sexual femenino. ➡ *Die Scheide ist das weibliche Geschlechtsorgan.*

el chichi *fam*
['ʧiʧi] **die Muschi** *vulg*
Lo suyo son los chichis, es un don Juan. ➡ *Er steht auf Muschis. Er ist ein Don Juan.*

el coño *vulg*
['koɲo] **die Fotze** *vulg*
Cada mujer puede hacer con su coño lo que quiera. ➡ *Jede Frau kann ihre Fotze einsetzen, wann sie will.*

el vello púbico
['beʎo'puβliko] **das Schamhaar**
Suelo afeitarme el vello púbico. ➡ *Ich rasiere mir die Schamhaare.*

el pandero *ugs*
[paṇ'dero] **der Hintern** *ugs*
Todos los kilos se me han puesto en el pandero. ➡ *Meine ganzen Kilos sind an meinen Hintern gewandert.*

el culo
['kulo] **der Arsch** *vulg*
El tío de la izquierda tiene un culo apretadito, como a mí me gustan. ➡ *Der Typ da links hat 'nen knackigen Arsch, genau nach meinem Geschmack.*

los cojones *vulg*
[ko'xones] **die Eier** *vulg*
Antonio es un hombre con cojones. ➡ *Antonio ist ein Mann mit Eiern.* *slang*

el culín *ugs*
[ku'lin] **der Knackarsch** *slang*
Me gustaría saber cómo se llama ese culín. ➡ *Ich wüsste zu gerne, wie dieser Knackarsch heißt.*

la espalda
[es'paḻda] **der Rücken**
Todas las noches hago ejercicios para la espalda.
➡ *Ich mache jeden Abend Rückengymnastik.*

la piel
[pjel] **die Haut**
No me gusta el cibersexo, a mí me va el roce de la piel.
➡ *Cybersex macht mir keinen Spaß. Mir gefällt das Berühren von Haut.*

la piel de gallina
[-ga'ʎina] **die Gänsehaut**
Cuando me rozó se me puso la piel de gallina. ➡ *Als er / sie mich berührte, bekam ich eine Gänsehaut.*

la pierna
['pjerna] **das Bein**
La bailarina tiene las piernas muy largas. ➡ *Die Tänzerin hat sehr lange Beine.*

el pie
[pje] **der Fuß**
Voy cada día a pie al trabajo.
➡ *Ich gehe jeden Tag zu Fuß zur Arbeit.*

el dedo (del pie)
['deðo-] **der Zeh**
El dedo gordo está hinchado.
➡ *Der große Zeh ist geschwollen.*

Gesundheit

sano
['sano] sana **gesund**
La verdura es sana.
➡ *Gemüse ist gesund.*

la salud
[sa'luð] **die Gesundheit**
La salud es lo más importante.
➡ *Das Wichtigste ist die Gesundheit.*

en (buena) forma
[-'forma] **fit**
Voy al gimnasio dos veces en semana para mantener la (buena) forma. ➡ *Ich gehe zweimal pro Woche ins Fitness-studio, um fit zu bleiben.*

enfermo
[eŋ'fermo] enferma **krank**
Siempre está enfermo.
➡ *Er / Sie ist ständig krank.*

la enfermedad
[eŋferme'ðað] **die Krankheit**
¿Ha tenido alguna enfermedad grave? ➡ *Hatte er / sie irgendeine schwere Krankheit?*

la vacuna
[ba'kuna] **die Impfung**
Contra eso solo ayuda una vacuna. ➡ *Dagegen hilft nur eine Impfung.*

el dolor
[do'lor] **der Schmerz**
El dolor era cada vez más fuerte. ➡ *Die Schmerzen wurden immer schlimmer.*

doler
[do'ler] **schmerzen**
Me duelen las muelas. ➡ *Meine Backenzähne schmerzen.*

peligroso
[peli'ɣroso] peligrosa
gefährlich
La carretera de la costa es muy peligrosa. ➡ *Die Küstenstraße ist sehr gefährlich.*

el peligro
[pe'liɣro] **die Gefahr**
Tras la operación el enfermo está fuera de peligro. ➡ *Nach der Operation ist der Kranke außer Gefahr.*

el accidente
[aᵞθi'ðeṇte] **der Unfall**
Nosotros no estábamos allí cuando ocurrió el accidente. ➡ *Wir waren nicht dort, als der Unfall passierte.*

herir
[e'rir] **verletzen**
El disparo le hirió en el brazo. ➡ *Der Schuss verletzte ihn / sie am Arm.*

la herida
[e'riða] **die Wunde**
La herida se ve bastante fea. ➡ *Die Wunde sieht ziemlich eklig aus.*

la sangre
['saŋgre] **das Blut**
El paciente ha perdido sangre. ➡ *Der Patient / Die Patientin hat Blut verloren.*

el médico
['meðiko] la médica
der Arzt, die Ärztin
El médico me ha recetado unas pastillas. ➡ *Der Arzt hat mir Tabletten verschrieben.*

el hospital
[ospi'tal] **das Krankenhaus**
Llevaron al enfermo urgentemente al hospital.
➡ *Der Kranke wurde eilends ins Krankenhaus gebracht.*

(las) urgencias
[ur'xen̪θjas] **die Notaufnahme**
¿Por dónde se entra a urgencias? ➡ *Wo ist die Notaufnahme?*

la farmacia
[far'maθja] **die Apotheke**
¿Hay una farmacia de guardia por aquí cerca? ➡ *Gibt es hier in der Nähe eine Notapotheke?*

el medicamento
[meðika'men̪to] **die Arznei, das Arzneimittel**
Estos medicamentos solo te los puede recetar el médico.
➡ *Das sind verschreibungspflichtige Arzneimittel.*

la pastilla
[pas'tiʎa] **die Tablette**
Tienes que tomar una pastilla cada día. ➡ *Du musst täglich eine Tablette einnehmen.*

la receta
[rre'θeta]
das (Arzneimittel)-rezept
Para estos medicamentos necesitas una receta.
➡ *Für diese Medikamente brauchst du ein Rezept.*

el antibiótico
[an̪ti'βjotiko] **das Antibiotikum**
El médico me ha mandado un antibiótico. ➡ *Der Arzt hat mir ein Antibiotikum verschrieben.*

la pomada
[po'maða] **die Salbe**
¡Esta pomada hace maravillas!
➡ *Diese Salbe wirkt Wunder!*

el dolor de cabeza
[do'lordeka'βeθa]
die Kopfschmerzen
Tengo un dolor de cabeza terrible. ➡ *Ich habe schreckliche Kopfschmerzen.*

Es ist allgemein bekannt, dass Spanier oft und gerne fluchen. Sie gehen mit Schimpfwörtern und derben Körperteilbezeichnungen deutlich lockerer um als andere Nationalitäten.
Dies ist keine Frage der Bildung, sondern der richtigen Anwendung. *Coño* (Fotze), *joder* (fuck, ficken) oder *mierda* (Scheiße) können nämlich durchaus auch einfach nur positive Überraschung ausdrücken: *¡Coño, Manuel, cuánto tiempo sin verte!* (Mann, Manuel, lange nicht gesehen!)

la diarrea

[dja'rrea] **der Durchfall**

Bebió leche que estaba mala y enseguida le vino diarrea. ➡ *Er / Sie hat Milch getrunken, die schlecht war, und schon hatte er / sie Durchfall.*

la alergia

[a'lerxia] **die Allergie**

Tengo alergia al polen. ➡ *Ich habe eine Pollenallergie.*

recobrar las fuerzas

[rreko'βrarlas-] **gesund werden**

Un poco de descanso te ayudará a recobrar las fuerzas. ➡ *Ein wenig Schlaf hilft dir, gesund zu werden.*

estar mejor

[es'tarme'xor] **besser gehen**

Ahora estoy mucho mejor. ➡ *Mir geht es jetzt viel besser.*

empeorar

[empeo'rar] **schlechter werden, schlechter gehen**

La herida ha empeorado bastante. ➡ *Die Verletzung ist schlimmer geworden.*

Das Wichtigste in Kürze

Partes del cuerpo	**Körperteile**
las bolas	*die Eier / Klöten*
los cántaros	*die Titten / Glocken*
el carajo, el churro, la cola *vulg*	*der Schwanz / Pimmel / Dödel*
el chocho, el conejo *vulg*	*die Möse / Muschi*
la chola	*die Birne / Rübe*
el chumi(no)	*die Möse / Muschi*
el cipote *vulg*	*der Schwanz*
el coño *vulg*	*die Fotze*
el culo	*der Hintern*
la delantera	*der Vorbau*
las domingas	*die Titten / Möpse*
el forro	*der Pariser / die Lümmeltüte*
la gamba	*das Bein*
la garra	*die Pfote / Flosse*
la jeta	*die Visage*
el michelín	*die Speckrolle / der Rettungsring*
el morro	*das Maul / die Klappe*
la napia, la picota, la tocha	*der Zinken / das Riechorgan*
el ojete	*das Arschloch*
las pailas, los sophillo	*die Segelohren*
el pandero, el pompis	*der Hintern*
el paquete	*das Gehänge*
la pata *vulg*	*das Bein*
la pechuga	*der Vorbau*

la perola	*die Birne / Rübe*
la pezuña	*die Pfote / Flosse*
los piños *vulg*	*die Beißerchen*
el potorro *vulg*	*die Möse / Muschi*
la zarpa	*die Pfote / Flosse*

Gefühle und Eigenschaften

Positive Gefühle

el carácter
[ka'rakter] **der Charakter**
La nueva amiga de Bea tiene muy buen carácter. ➡ *Die neue Freundin von Bea hat einen guten Charakter.*

la personalidad
[personali'ðað] **die Persönlichkeit**
¡Una personalidad única! ➡ *Eine einzigartige Persönlichkeit!*

la cualidad
[kwali'ðað] **die Eigenschaft**
Su mejor cualidad es la paciencia. ➡ *Seine / Ihre hervorstechendste Eigenschaft ist Geduld.*

la manera de ser
[ma'nera-] **das Wesen**
Tiene una manera de ser muy tranquila. ➡ *Er / Sie hat ein sehr sanftes Wesen.*

comportarse
[kompor'tar] **sich verhalten, sich benehmen**
Compórtate y no me mires el escote. ➡ *Benimm dich und guck mir nicht in den Ausschnitt.* ugs

sentir
[seṇ'tir] **fühlen**
Nos sentimos de coña en la nueva casa. ➡ *Wir fühlen uns im neuen Haus sauwohl.* ugs

reír(se)
[rre'ir] **lachen**
Los latinoamericanos se ríen mucho de las españolas que tienen como nombre „Concha", para ellos significa chichi. ➡ *In Lateinamerika lacht man über den spanischen Namen „Concha", der dort „Muschi" bedeutet.*

feliz
[fe'liθ] **glücklich, froh**
Quizá sea feliz, pero también es tonta. ➡ *Sie ist vielleicht glücklich, aber dumm ist sie auch.*

la suerte
['swerte] **das Glück**
¡Mucha suerte! ➡ *Viel Glück!*

¡Mucha mierda!
Hals- und Beinbruch! ugs

la alegría
[ale'ɣria] **die Freude**
La alegría es un sentimiento hermoso. ➡ *Freude ist ein schönes Gefühl.*

listo
['listo] lista **klug**
Para la edad que tiene es muy listo. ➡ *Für sein Alter ist er sehr klug.*

inteligente
[inteli'xente] **intelligent**
Es una persona inteligente, pero también aburrida.
➡ *Er / Sie ist intelligent, aber auch langweilig.*

el coñazo *vulg*
[ko'ɲaθo] **schlecht, langweilig, nervig** *ugs*
La peli me parece un coñazo.
➡ *Ich finde den Film voll langweilig. ugs*

¡Me estás dando el coñazo de lo lindo!
Du gehst mir total auf den Sack! *ugs*

cojonudo *vulg*
[koxo'nuðo] cojonuda
supergeil *slang*
El plan me parece cojonudo.
➡ *Ich finde den Plan supergeil.*

genial
[xe'njal] **toll**
¡Lo pasamos genial!
➡ *Es war toll!*

con cuidado
[konkwi'ðaðo] **vorsichtig**
Agárralo con mucho cuidado.
➡ *Halte es ganz vorsichtig fest.*

amable
[a'maβle] **freundlich**
María es muy amable con Antonio. ➡ *María ist sehr freundlich zu Antonio.*

díver *ugs*
['diβer] **nett, spaßig**
Es muy díver ir de compras.
➡ *Es macht Spaß, shoppen zu gehen. ugs*

sorprender(se)
[sorpren'der]
(sich) überraschen
Me sorprendió mucho su reacción. ➡ *Seine / Ihre Reaktion überraschte mich sehr.*

gustar[1]
[gus'tar] **gefallen, mögen**
¿Te gusta mi corte de pelo?
➡ *Gefällt dir mein Haarschnitt?*

gustar[2]
[gus'tar] **schmecken, mögen**
¿Te gusta la cerveza?
➡ *Schmeckt dir das Bier?*

estar colado *ugs*
[koˈlaðo] **colada**
verknallt *ugs*
Está colado por ella.
➡ *Er ist so verknallt in sie.*

enamorarse
[enamoˈrarse] **sich verlieben**
Se enamoró de él sin querer.
➡ *Ohne es zu wollen, hatte er / sie sich in ihn verliebt.*

querer[1]
[keˈrer] **wollen**
Quiero ir a Granada este año.
➡ *Ich will dieses Jahr nach Granada.*

querer[2]
[keˈrer] **lieben**
Nunca lo ha querido como él a ella. ➡ *Sie hat ihn nie so geliebt wie er sie.*

el amor
[aˈmor] **die Liebe**
Creo en el amor a primera vista. ➡ *Ich glaube an die Liebe auf den ersten Blick.*

No se puede vivir del amor y nada más. Man kann nicht von Luft und Liebe leben.

preferir
[prefeˈrir] **lieber wollen / haben**
Prefiero un café a un té.
➡ *Ich hätte lieber einen Kaffee als einen Tee.*

querido[1]
[keˈriðo] **querida**
lieber, liebe
Querido Pedro: Gracias por tu última carta. ➡ *Lieber Pedro, danke für deinen letzten Brief.*

querido[2]
[keˈriðo] **querida** **beliebt**
Es una persona muy querida en la empresa. ➡ *In der Firma ist er / sie sehr beliebt.*

simpático
[simˈpatiko] **simpática**
sympathisch, nett
Parece una chica simpática.
➡ *Das Mädchen scheint nett zu sein.*

celoso
[θeˈloso] **celosa** **eifersüchtig**
¡Su novio es más celoso que Otelo! ➡ *Sein / Ihr Freund ist eifersüchtiger als Othello!*

los celos
[θeˈlos] **die Eifersucht**
Los celos se lo comen.
➡ *Die Eifersucht bringt ihn noch um.*

desenamorarse *ugs*
[desenamoˈrarse] **sich entlieben**
He decidido desenamorarme y separarme. ➡ *Ich liebe ihn/sie nicht mehr und habe beschlossen, mich von ihm / ihr zu trennen.*

perdonar
[perðoˈnar] **entschuldigen, verzeihen**
No puedo perdonarle lo que hizo. ➡ *Ich kann ihm / ihr nicht verzeihen, was er / sie getan hat.*

pedir perdón
[peˈðirperˈðon]
um Entschuldigung / Verzeihung bitten
Quiero pedir perdón públicamente. ➡ *Ich möchte in aller Öffentlichkeit um Entschuldigung bitten.*

racional
[rraθjoˈnal] **vernünftig**
Divina es una persona muy racional. ➡ *Divina ist ein sehr vernünftiger Mensch.*

acogedor
[akoxeˈðor] **gemütlich**
Tu salón es muy acogedor.
➡ *Dein Wohnzimmer ist sehr gemütlich.*

disfrutar
[disfruˈtar] **genießen**
Hemos disfrutado muchísimo de las vacaciones. ➡ *Wir haben die Ferien sehr genossen.*

la diversión
[diβerˈsjon] **der Spaß**
No me estropees la diversión con tus comentarios.
➡ *Verdirb mir nicht den Spaß mit deinen Kommentaren.*

raro
[ˈrraro] rara **komisch, seltsam**
¿No te parece un poco raro ese chico de allá? ➡ *Findest du den Jungen da nicht auch ein bisschen komisch?*

Die Spanier sind eher gefühlsbetont als rational. So können sie beispielsweise am Tisch leidenschaftlich über Politik diskutieren. Dabei beleidigt man sich oft oder fällt dem anderen ins Wort. Auf jeden Fall wird es sehr laut! Doch spätestens beim nächsten Bier oder Themenwechsel ist alles vergessen.
Als Fremder sollte man sich mit Kritik an der spanischen Politik, Kultur oder Tradition jedoch eher zurückhalten, da dies von den Spaniern als Beleidigung empfunden werden könnte.

divertido
[diβer'tiðo] **divertida**
lustig, witzig
Vimos una película divertida.
➡ *Wir haben einen lustigen Film gesehen.*

llevarse bien
[ʎe'βarse'bjen]
sich (gut) verstehen
No se llevan nada bien.
➡ *Sie verstehen sich nicht besonders gut.*

alegrar(se)
[ale'ɣrarse]
(sich) freuen, erfreuen
Me alegro de volver a verte.
➡ *Ich freue mich, dich wiederzusehen.*

maravilloso
[maraβi'ʎoso] **maravillosa**
wunderbar
Fue una excursión maravillosa.
➡ *Es war ein wunderbarer Ausflug.*

la esperanza
[espe'ranθa] **die Hoffnung**
¡La esperanza es lo último que se pierde! ➡ *Die Hoffnung stirbt zuletzt!*

esperar
[espe'rar] **(er)warten; hoffen**
Espero verte pronto.
➡ *Ich hoffe, dich bald zu sehen.*

Negative Gefühle

enfadado
[eɱfa'ðaðo] **enfadada**
verärgert, böse
Jorge, ¿estás enfadado conmigo? ➡ *Jorge, bist du böse auf mich?*

cabreado *ugs*
[kaβre'aðo] **cabreada**
(stink) sauer *ugs*
Estoy muy cabreada con Sonia. ➡ *Ich bin stinksauer auf Sonia! ugs*

el mosqueo *ugs*
[mos'keo] **das Ärgernis**
Todavía le dura el mosqueo de la semana pasada. ➡ *Er / Sie ist immer noch sauer wegen letzter Woche.* *ugs*

pillar un rebote *vulg*
[pi'ʎarunrre'βote] **sauer werden**
Ha pillado un rebote impresionante porque llegué tarde. ➡ *Er / Sie ist total sauer geworden, weil ich zu spät gekommen bin.*

odiar
[o'ðjar] **hassen**
Odio lavar los platos. ➡ *Ich hasse Geschirrspülen.*

gritar
[gri'tar] **schreien**
¡Deja de gritar! ➡ *Hör auf zu schreien!*

llorar
[ʎo'rar] **weinen**
Cuando oyó la noticia se echó a llorar. ➡ *Als er / sie die Nachricht hörte, fing er / sie an zu weinen.*

triste
['triste] **traurig, trübsinnig**
Siempre que la veo está triste. ➡ *Immer wenn ich sie sehe, ist sie traurig.*

vago
['baɣo] **vaga** **faul**
Este chico es muy vago. ➡ *Dieser Junge ist sehr faul.*

¡Vaya un cruce de cables! Wow, vollkommen durchgeknallt! *ugs*

exagerado
[eˠsaxe'raðo] **exagerada**
übertrieben
Es exagerado ponerse la chaqueta, no hace tanto frío. ➡ *Es ist übertrieben, die Jacke anzuziehen. Es ist nicht so kalt.*

loco
['loko] **loca** **verrückt**
Tu amiga está completamente loca. ➡ *Deine Freundin ist total verrückt.* *ugs*

flipar *ugs*
[fli'par] **ausflippen** *ugs*
Estoy contentísimo, ¡estoy flipando! ➡ *Ich bin total glücklich, ich flippe aus!* *ugs*

ponerse furioso
[fu'rjoso] **ausrasten** *ugs*
El amigo se puso furioso por nada. ➡ *Der Freund rastete ohne Grund aus.*

dar pena
[dar'pena] **leidtun**
Me da pena verle tan triste. ➡ *Es tut mir leid, dass er / sie so traurig ist.*

sentir
[seṇ'tir] **bedauern, leidtun**
Siento el retraso.
➡ *Ich bedaure die Verspätung.*

quejarse
[ke'xarse] **sich beschweren**
Siempre se queja de la comida.
➡ *Er / Sie beschwert sich immer über das Essen.*

horrible
[o'rriβle] **schrecklich**
Ha sido una experiencia horrible. ➡ *Es war eine schreckliche Erfahrung.*

asustar(se)
[asus'tar] **erschrecken**
Al oír el ruido me asusté.
➡ *Ich habe mich erschrocken, als ich den Lärm hörte.*

el miedo
['mjeðo] **die Angst**
No tengo miedo a los ladrones.
➡ *Ich habe keine Angst vor Dieben.*

inquietante
[iŋkje'taṇte] **beunruhigend**
Esta situación es muy inquietante. ➡ *Diese Lage ist sehr beunruhigend.*

preocupar(se)
[preoku'parse] **(sich) sorgen; (sich) kümmern**
Se preocupa de su familia.
➡ *Er sorgt für seine Familie.*

Das Wichtigste in Kürze

Tacos	Flüche
¡Mierda! / ¡Vaya ful!	*(So eine) Scheiße!*
¡Qué caca!	*(So eine) Kacke!*
¡Vaya putada!	*Was für 'ne Schweinerei / Sauerei!*
¡Joder! / ¡Qué putada! / ¡Hostia(s)! *vulg*	*Verdammt! / Verflucht!*
¡Me cago en la puta! *vulg* / ¡Coño!	*Ich scheiß drauf!*
¡Estoy hasta los cojones *vulg* / huevos! *(Für Männer)* ¡Estoy hasta el coño *vulg* / los ovarios! *(Für Frauen)*	*Ich hab die Nase / Schnauze gestrichen voll! / Mir steht's bis HIER!*
¡Me estás tocando los cojones! *vulg (Für Männer)* ¡Me estás tocando los ovarios! *(Für Frauen)*	*Du gehst mir auf den Sack / auf die Eier / auf den Senkel!*
¡Vaya (puta) mierda! *vulg*	*Das ist (echt) zum Kotzen!*
¡Estoy cagado / a / acojonado / a! *vulg*	*Mir geht der Arsch auf Grundeis! / Ich hab 'ne Scheißangst!*
¡Me importa un pepino!	*Das ist mir piepe / piepegal!*
¡Me la trae floja! *vulg*	*Das ist mir scheißegal!*
¡Me lo paso por el forro (de los cojones)! *vulg*	*Das geht mir am Arsch vorbei!*
¡A la mierda! / ¡A tomar por (el) culo! *vulg*	*Zum Teufel!*
¡Hostia(s)! / ¡Coño!	*Krass! (positiv)*

Insultos	**Schimpfwörter**
el bujarrón	*der Arschficker*
el cabrón	*der (Flach)Wichser / das Arschloch*
el / la capulla	*der Armleuchter / Depp / Schwachkopf*
el cardo	*die Missgeburt (extrem hässliche Person)*
la (puta) cerda	*die (Dreck)Sau*
el (puto) cerdo	*das Schwein*
el / la cerebro de mosquito	*der Trottel / Tölpel*
el comemierda	*der Dreckskerl (wörtlich: Scheißefresser)*
la comemierda	*die Schlampe (wörtlich: Scheißefresserin)*
el estúpido, la estúpida	*der Dumm- / Knallkopf / der Idiot, die Idiotin*
el gilipollas	*der Blödmann / das Arschloch*
la gilipollas	*die blöde Kuh / das Arschloch*
la hija de puta	*die Schlampe / das Arschloch*
el idiota	*der (Voll)Idiot*
la idiota	*die (Voll)Idiotin*
el imbécil	*der Depp / Blödmann*
la imbécil	*die blöde Kuh*
el / la lameculos	*der Arschkriecher / die Arschkriecherin*
el mamón	*das Arschloch*
la mamona	*das Arschloch*
la muerta de hambre	*die Pennerin*
el muerto de hambre	*der Penner / Pennbruder*
el puñetero	*der Kotzbrocken / Dreckskerl*
la puta	*die Schlampe / Nutte*
el soplapollas	*der Schwanzlutscher*
la soplapollas	*die Schwanzlutscherin*
la zorra (idiota)	*die (blöde / dumme) Fotze*
¡Qué pesado!	*Wie nervig!*

¡Cállate la boca! / ¡Cierra el pico! / ¡Achanta la mui!	*Halt's Maul! / Halt die Klappe / die Fresse / den Schnabel! / Klappe!*
¡Vete a la mierda! *vulg*	*Verpiss dich!*
¡Chúpame la polla, anda!	*Du kannst mich mal (am Arsch lecken)!*
¡Que te jodan! / ¡Jódete! *vulg*	*Fick dich (ins Knie)!*
¡Piérdete! / ¡Desaparece!	*Verpiss dich!*
¡Lárgate¡ / ¡Quítate de mi vista!	*Zieh Leine!*
¡Paso de ti!	*Du bist mir (scheiß)egal!*
¡Tú alucinas (en colores)!	*Von was träumst du nachts?*

Jerga de maleantes	**Gaunersprache**
la bofia, la madera, la pasma	*die Bullerei / Polente*
el camello, la camella	*der Dealer, die Dealerin*
chirlar	*überfallen*
la chirona, la trena	*der Knast / Bau*
el chorizo, la choriza	*der Gauner, die Gaunerin*
la danone, la tocinera	*die grüne Minna*
desplumar, desvalijar	*ausnehmen*
el / la drogata	*der Junkie*
enchironar, entrullar	*einbuchten / einlochen*
la guita, la pasta	*die Knete / der Zaster*
el madero	*der Bulle (wörtlich: Holz) (policía nacional – in brauner Uniform)*
mangar	*klauen*
el / la mangui	*der Hehler / die Hehlerin*
mercar, pasar	*verticken / verchecken*
las pelas	*die Mäuse*
el picoleto	*der Bulle (guardia civil)*
la pipa	*die Knarre*
el pitufo	*der Bulle / Polyp (policía urbana y de tráfico – in blauer Uniform)*
el / la poli	*der Bulle / Polyp*

trincar	*erwischen / dingfest machen*
el trullo	*der Knast / die schwedischen Gardinen*
meter(le) un balazo a alg	*jdm eine Kugel verpassen*
poner a alg a la sombra	*jdn einlochen*

Barrio chino	**Rotlichtmilieu**
la alcahueta	*die Puffmutter*
el alcahuete, el cafiche, el chulo	*der Zuhälter / Schmarotzer*
el boy	*der Stricher*
el burdel	*das Bordell*
la buscona	*die Prostituierte*
el chapero	*der Stricher*
el / la estríper	*der Stripper / die Stripperin*
el estriptis / estriptís	*der Striptease / die Stripteasebar*
la golfa	*die Hure / Nutte*
hacer la calle / carrera	*auf den Strich gehen*
la madam	*die Puffmutter*
la pilingui	*die Bordsteinschwalbe / das Freudenmädchen*
poner el culo	*auf den Strich gehen (Männer)*
el prostituto	*der Stricher*
la puta	*die Nutte / Hure*
el puticlub	*das Bumslokal / der Puff*
el putis	*das Bumslokal / der Puff*
el topless	*die Oben-ohne-Bar*
la zorra	*die Nutte / Hure*
la lumi	*die Bordsteinschwalbe / das Freudenmädchen*

Guten Appetit!

Der Riesenhunger!

Vamos a comer, tengo el estómago en los pies. Lass uns essen, mir hängt der Magen schon in den Kniekehlen. *ugs*

el hambre
['ambre] **der Hunger**
No tengo hambre. ➡ *Ich habe keinen Hunger.*

hambriento
[am'brjento] hambrienta
hungrig
Lleva hambriento toda la tarde. ➡ *Er ist schon den ganzen Abend hungrig.*

la sed
[seð] **der Durst**
Con tanto calor tengo mucha sed. ➡ *Bei der Hitze habe ich großen Durst.*

tener hambre
[te'ner-] **hungrig sein, Hunger haben**
Después del paseo teníamos todos mucha hambre.
➡ *Nach dem Spaziergang waren wir alle sehr hungrig.*

el desayuno
[desa'ɟuno] **das Frühstück**
En el desayuno tomo café y zumo. ➡ *Zum Frühstück trinke ich Kaffee und Saft.*

el almuerzo
[al'mwerθo] **das Mittagessen**
El almuerzo se toma hacia el mediodía. ➡ *Das Mittagessen gibt's gegen zwölf Uhr.*

la cena
['θena] **das Abendessen**
La cena ya está lista.
➡ *Das Abendessen ist schon fertig.*

preparar
[prepa'rar] **vorbereiten, zubereiten**
El domingo voy a preparar un asado para toda la familia.
➡ *Am Sonntag werde ich einen Braten für die ganze Familie zubereiten.*

cocinar
[koθi'nar] **kochen**
Los españoles cocinan con mucho ajo. ➡ *Die Spanier kochen mit viel Knoblauch.*

asado

[a'saðo] asada **gebraten**

Me gustan las castañas asadas. ➡ *Ich liebe gebratene Kastanien.*

asar en el horno

[a'sar-] **backen, schmoren (lassen)**

Salpimentar la carne y asar en el horno a 180 °C durante una hora. ➡ *Den Braten würzen und im Ofen bei 180° C eine Stunde schmoren lassen.*

cocer en el horno

[ko'θer-] **backen**

La masa tiene que cocer en el horno a 200 °C. ➡ *Der Teig muss bei 200° C gebacken werden.*

quemar(se)

[ke'mar] **verbrennen**

La torta no se ha quemado, ¡es así! ➡ *Der Kuchen ist nicht verbrannt. Er muss so aussehen!*

sano

['sano] sana **gesund**

La verdura es sana. ➡ *Gemüse ist gesund.*

grasiento

[gra'sjento] grasienta **fettig**

Las patatas fritas estaban muy grasientas. ➡ *Die Pommes frites waren sehr fettig.*

Tengo que adelgazar, me estoy convirtiendo en una foca. Ich muss abnehmen, ich werde langsam zum Fettkloß. *ugs*

rápido

['rrapiðo] **schnell**

Hay que darle la vuelta a la tortilla rápido para que no se queme. ➡ *Das Omelett muss schnell gewendet werden, damit es nicht verbrennt.*

casero

[ka'sero] casera **hausgemacht, selbst gemacht**

La pasta casera es la que está más rica. ➡ *Selbst gemachte Pasta schmeckt am besten.*

vegetariano

[bexeta'rjano] vegetariana **vegetarisch**

Hizo un pincho vegetariano estupendo. ➡ *Er / Sie hat einen hervorragenden vegetarischen Spieß zubereitet.*

alérgico
[aˈlerxiko] alérgica
allergisch
Soy alérgico a las nueces.
➡ *Ich bin allergisch gegen Nüsse.*

rico
[ˈrriko] rica **lecker**
Esta ensalada está muy rica.
➡ *Dieser Salat ist sehr lecker.*

salado
[saˈlaðo] salada **salzig**
Esta carne está muy salada.
➡ *Dieses Fleisch ist sehr salzig.*

soso
[ˈsoso] sosa **fade**
Trae sal, esta sopa está un poco sosa. ➡ *Bring bitte das Salz, die Suppe ist etwas fade.*

dulce
[ˈdul̪θe] **süß**
El pastel está dulce, pero no demasiado. ➡ *Der Kuchen ist süß, aber nicht zu süß.*

Am Ziel

el restaurante
[rrestau̯ˈran̪te] **die Gaststätte, das Restaurant**
Las cantidades en este restaurante son enormes.
➡ *In diesem Restaurant sind die Portionen riesig.*

el chiringuito
[ʧiriŋˈgito] **der Imbiss(stand), die Strandbar**
En casi cada playa hay un chiringuito. ➡ *An fast jedem Strand gibt es eine Strandbar.*

Le he cerrado el pico. Ich habe ihm das Maul gestopft. *vulg*

el local
[loˈkal] **der Imbiss**
En ese local venden comida para llevar. ➡ *Dieser Imbiss verkauft Essen zum Mitnehmen.*

el horario de apertura

[oˈrarjodeaperˈtura]
die Öffnungszeiten
El horario de apertura es de 9 de la mañana a 10 de la noche. ➡ *Die Öffnungszeiten sind von 9 bis 22 Uhr.*

la carta

[ˈkarta] **die Speisekarte, das Menü**
¿Nos puede traer la carta, por favor? ➡ *Würden Sie uns bitte die Speisekarte bringen?*

el plato

[ˈplato] **das Gericht**
Los callos son un plato típico de Madrid. ➡ *Kutteln sind ein typisch madrilenisches Gericht.*

pedir

[peˈðir] **bitten, fragen, bestellen**
¿Quién pidió una tónica con limón y hielo? ➡ *Wer hatte ein Tonicwater mit Zitrone und Eis bestellt?*

la comanda

[komaṇˈda] **die Bestellung**
El camarero trae el menú y toma nota de la comanda.
➡ *Der Kellner bringt die Karte und nimmt die Bestellung auf.*

el camarero

[kamaˈrero] la camarera
der Kellner, die Kellnerin
Si no viene el camarero hacemos un simpa.
➡ *Wenn der Kellner nicht kommt, prellen wir die Zeche.* ugs

el entremés

[eṇtreˈmes] **die Vorspeise**
De entremés tenemos boquerones y gambas.
➡ *Als Vorspeise nehmen wir Sardellen und Garnelen.*

¡Buen provecho!

Guten Appetit!

el plato principal

[ˈplatopriṇθiˈpal]
das Hauptgericht
De plato principal hay pescado a la portuguesa. ➡ *Als Hauptgericht gibt es Fisch nach portugiesischer Art.*

el segundo plato

[seˈɣuṇdoˈplato]
der zweite Gang
De segundo plato tenemos pollo. ➡ *Als zweiten Gang gibt es Hähnchen.*

el postre

[ˈpostre] **der Nachtisch**
¿Qué hay de postre?
➡ *Was gibt's zum Nachtisch?*

la comida
[ko'miða] **das Essen, das Mittagessen**
Las comidas se sirven en el comedor del hotel, en la planta baja. ➡ *Das Essen wird im Speisesaal des Hotels im Erdgeschoss serviert.*

comer
[ko'mer] **essen**
En España se come más tarde que en Alemania. ➡ *In Spanien wird später gegessen als in Deutschland.*

probar
[pro'βar] **probieren**
Prueba la salsa. Está buenísima. ➡ *Probier mal die Soße. Sie ist ausgezeichnet.*

hacer ruido al comer
schmatzen
¿Tienes que hacer siempre tanto ruido al comer? ➡ *Musst du beim Essen immer so schmatzen?*

manchar(se)
[man'tʃar] **kleckern**
Te has manchado la camisa con la salsa. ➡ *Du hast das Hemd mit der Soße verkleckert.*

saber
[sa'βer] **schmecken**
¿A qué sabe la papaya? ➡ *Wonach schmeckt eine Papaya?*

Está como una pluma. Sie wiegt so gut wie nichts.

la vajilla
[ba'xiʎa] **das Geschirr, das Service**
Saca la vajilla nueva para la cena, hazme el favor. ➡ *Nimm bitte das neue Geschirr für das Essen.*

los platos
['platos] **das Essgeschirr**
Odio lavar los platos. ➡ *Ich hasse Geschirrspülen.*

el plato
['plato] **der Teller**
Ha comprado unos platos nuevos decorados con flores azules. ➡ *Er / Sie hat neue, mit blauen Blumen verzierte Teller gekauft.*

el cubierto
[ku'βjerto] **das Besteck**
¿Has llevado ya los cubiertos a la mesa? ➡ *Ist das Besteck bereits auf dem Tisch?*

la cuchara
[ku'ʧara] **der Löffel**
La sopa se come con cuchara. ➡ *Suppe isst man mit dem Löffel.*

el tenedor
[tene'ðor] **die Gabel**
La pasta se come solo con tenedor. ➡ *Pasta isst man nur mit der Gabel.*

el cuchillo
[ku'ʧiʎo] **das Messer**
Este cuchillo no corta bien. ➡ *Das Messer hier schneidet nicht richtig.*

poner la mesa
[po'nerla'mesa] **den Tisch decken**
Ayúdame, pon la mesa. ➡ *Hilf mir bitte und decke den Tisch.*

beber
[be'βer] **trinken**
¿Puedo ofrecerte algo de beber? ➡ *Kann ich dir etwas zu trinken anbieten?*

la bebida
[be'βiða] **das Getränk**
Quiero una bebida sin alcohol. ➡ *Ich möchte ein alkoholfreies Getränk.*

el agua
['aɣwa] **das Wasser**
¿Nos trae una botella de agua fria, por favor? ➡ *Würden Sie uns bitte eine Flasche kaltes Wasser bringen?*

tener sed
[te'ner'seð] **durstig sein, Durst haben**
La comida salada hace que tengas sed. ➡ *Von salzigen Speisen wird man durstig.*

el té
[te] **der Tee**
Le gusta endulzar el té con miel. ➡ *Er / Sie süßt seinen / ihren Tee gerne mit Honig.*

el café
[ka'fe] **der Kaffee**
Me gusta tomar brandi con café. ➡ *Ich trinke gerne Kognak mit Kaffee.*

el café solo
['solo] **der Espresso**
Un café solo, por favor. ➡ *Einen Espresso, bitte.*

el carajillo
[kara'xiʎo] **der Kaffee mit einem Schuss Cognac**
Después de la comida me apetece un carajillo. ➡ *Nach dem Essen habe ich Lust auf einen Kaffee mit einem Schuss Cognac.*

el vino

['bino] **der Wein**

El vino no debe faltar en la buena mesa. ➡ *Bei einem guten Essen darf der Wein nicht fehlen.*

el chupito

[ʧu'pito] **der Schnaps, der Kurze** *ugs*

Después de la cena nos vamos a tomar un chupito.
➡ *Und nach dem Essen nehmen wir einen Schnaps.*

la cerveza

[θer'βeθa] **das Bier**

Dos cervezas y unas tapas para picar, por favor.
➡ *Zwei Bier und ein paar Tapas zum Knabbern, bitte.*

la cuenta

['kweṇta] **die Rechnung**

Camarero, ¡la cuenta por favor!
➡ *Kellner, die Rechnung bitte!*

Cuando puedas nos cobras, por favor. Wir würden gerne zahlen.

pagar

[pa'ɣar] **bezahlen**

No, la cuenta la pago yo, estás invitado. ➡ *Nein, ich zahle die Rechnung, ich lade dich ein.*

Die Folgen

lleno

['ʎeno] **llena satt**

No puedo comer más. Estoy lleno. ➡ *Ich kann nichts mehr essen. Ich bin satt.*

la siesta

['sjesta] **der Mittagsschlaf**

Es una costumbre muy sana hacer una siesta corta.
➡ *Es ist eine sehr gesunde Angewohnheit, nach dem Mittag ein kurzes Schläfchen zu halten.*

encontrarse mal

[eŋkoṇ'trarsemal] **sich nicht wohlfühlen**

¿Te encuentras mal?
➡ *Ist dir übel?*

el estómago

[es'tomaɣo] **der Magen**

La comida picante siempre le da dolor de estómago.

➡ *Das scharfe Essen schlägt ihm immer auf den Magen.*

delgado

[del'ɣaðo] **delgada**

dünn, dürr

Estás demasiado delgado, no tienes carne en los huesos.

➡ *Du bist zu dürr, du hast ja gar nichts auf den Rippen!* ugs

A un hombre se le gana por el estómago. Liebe geht durch den Magen.

Ein Spanier wäre sicherlich überrascht zu hören, dass man als Hobby „das gute Essen“ hat. In Spanien sind gutes Essen und geregelte Essensgewohnheiten nämlich eine Selbstverständlichkeit, ganz gleich, ob man nun kochen kann oder nicht. Die Vielfältigkeit und Qualität der spanischen Küche ist bekannt – sie reicht weit über die typischen Tapas hinaus. Dass man sich in Spanien zu Mittag ein Gläschen Wein genehmigt, ist keineswegs befremdlich. Es gilt sogar als gesund!

vomitar

[bomi'tar] **sich übergeben**

Tengo que vomitar, la comida rápida no fue una buena idea...

➡ *Ich muss mich übergeben, das Fast Food war doch keine gute Idee ...*

el dolor

[do'lor] **der Schmerz**

El dolor era cada vez más fuerte. ➡ *Die Schmerzen wurden immer schlimmer.*

pesar demasiado

[pe'sardema'sjaðo]

übergewichtig sein

Para tu edad y tu estatura pesas demasiado, 10 kilos de más. ➡ *Du bist für dein Alter und deine Größe übergewichtig, du wiegst 10 Kilo zu viel.*

Das Wichtigste in Kürze

Las comidas	**Die Mahlzeiten**
el desayuno	*das Frühstück*
el almuerzo	*das Mittagessen*
el aperitivo	*der (Zwischen)snack*
la comida	*das Essen*
la merienda	*die Vesper*
la cena	*das Abendessen*

Platos del menú	**Gänge eines Menüs**
el aperitivo	*der Aperitif mit Häppchen*
la tapa	*das Häppchen*
el primer plato	*die Vorspeise*
la ensalada	*der Salat*
la sopa	*die Suppe*
el segundo plato	*die Hauptspeise*
el pescado	*der Fischgang*
la carne	*der Fleischgang*
el postre	*die Nachspeise*
el plato de quesos	*die Käseplatte*
el digestivo	*der Digestif*
el sorbete	*das Sorbet*

Preguntar por un restaurante	Nach einem Restaurant fragen
¿Me puede recomendar un buen restaurante?	*Können Sie mir ein gutes Restaurant empfehlen?*
¿Hay por aquí cerca algún restaurante?	*Gibt es hier in der Nähe ein Restaurant?*
Busco un bar de tapas.	*Ich suche eine Tapas-Bar.*
Busco un sitio de comida rápida.	*Ich suche ein Schnellrestaurant / eine Imbissbude.*
¿Dónde se puede comer por aquí cerca bien y barato?	*Wo kann man hier in der Nähe gut und billig essen?*

Reservar una mesa	Einen Tisch reservieren
Quisiera reservar una mesa para dos personas.	*Ich würde gerne einen Tisch für zwei Personen reservieren.*
De acuerdo. ¿A qué hora? – A las 9, por favor.	*Sehr gern. Für wie viel Uhr? – Für 21 Uhr bitte.*
¿A qué nombre le hago la reserva? – A nombre de (los Sres.) García.	*Auf welchen Namen soll ich reservieren? – (Auf den Namen) García.*
¿Tiene una mesa para cuatro personas? – Lo siento, está todo completo.	*Haben Sie einen Tisch für vier Personen? – Es tut mir leid, wir sind voll belegt.*
¿Han reservado ustedes? – Sí, hemos reservado una mesa para seis personas a nombre de (los Sres.) García.	*Haben Sie reserviert? – Ja. Wir haben einen Tisch für sechs Personen auf den Namen García reserviert.*
Buenas tardes, quisiera reservar una mesa para un grupo de 10 personas para mañana a las 9.	*Guten Abend, ich möchte gerne einen Tisch für morgen 21 Uhr für eine Gruppe von 10 Personen reservieren.*

Pedir en un restaurante	**Bestellen im Restaurant**
¿Podría traerme / traernos por favor la carta? – Con mucho gusto.	*Würden Sie mir / uns bitte die (Speise)karte bringen? – Sehr gerne.*
¿Me / Nos puede recomendar algo?	*Können Sie mir / uns bitte etwas empfehlen?*
Lo siento, pero no tenemos más cordero.	*Es tut mir leid, aber das Lamm ist aus.*
¿Han pedido ya ustedes? – No, todavía estamos viendo la carta.	*Haben Sie schon gewählt?– Nein, wir schauen noch.*
¿Saben ya ustedes qué van a beber? – Yo tomaré una cerveza / una caña. Yo tomaré un vino de la casa.	*Wissen Sie schon, was Sie trinken möchten? – Ich nehme ein Bier / Glas Bier. Ich nehme den Hauswein.*
¿Qué desean beber? – Nos puede traer un vino de la casa y dos botellas de agua mineral sin gas.	*Was möchten Sie trinken? – Bringen Sie uns bitte einen Hauswein und zwei Flaschen stilles Mineralwasser.*
Ya podemos pedir. – Un momento, por favor, mi compañero viene ahora.	*Wir würden gerne bestellen. – Einen Augenblick bitte, mein Kollege kommt gleich.*
¡Camarero, por favor!	*Bedienung!*
¡Dígame señor(a)!	*Was wünschen Sie?*
De primero tomaré una menestra de verduras.	*Als Vorspeise nehme ich einen Gemüseeintopf.*
¿Cómo prefiere la chuleta, muy hecha o poco hecha?	*Wie möchten Sie Ihr Kotelett, durch oder medium?*
¿Me puede traer un poco más de pan / arroz?	*Könnte ich bitte noch Brot / Reis bekommen?*
¿Nos puede traer, por favor, la carta de vinos?	*Würden Sie uns bitte die Weinkarte bringen?*
No tomaré postre, gracias.	*Ich möchte kein Dessert, danke.*
Buenas tardes. ¿Qué van a tomar?	*Guten Abend. Was kann ich Ihnen bringen?*
Yo, de primero gazpacho y de segundo quiero pollo al limón.	*Ich nehme als Vorspeise den Gazpacho und als Hauptgang das Zitronenhühnchen.*

Para mí, ensalada y sardinas.	*Für mich Salat und die Sardinen.*
Muy bien. Para beber, ¿quieren vino?	*Sehr gerne. Und zu trinken? Möchten Sie Wein?*
¿Van a tomar café?	*Nehmen Sie einen Kaffee?*
Yo sí, un café solo... Ah, y la cuenta, por favor.	*Ja gerne, einen Espresso ... Ach, und die Rechnung bitte.*
¿Nos trae otra botella de vino?	*Bringen Sie uns bitte noch eine Flasche Wein?*
¿Me trae una servilleta, por favor?	*Würden Sie mir bitte eine Serviette bringen?*

Pagar en un restaurante	**Rund ums Bezahlen**
Tráigame la cuenta.	*Die Rechnung bitte.*
¿Me puede traer la cuenta, por favor?	*Würden Sie mir bitte die Rechnung bringen?*
¿Les ha gustado todo? Sí, mucho, gracias.	*War alles recht? Ja, bestens, vielen Dank.*
La comida estaba muy buena.	*Das Essen war ausgezeichnet.*
Quédese con la vuelta.	*(Das) stimmt so.*
¿Me puede decir, dónde están los servicios?	*Können Sie mir bitte sagen, wo die Toiletten sind?*
¿Han terminado ya, puedo recoger?	*Sind Sie fertig? Kann ich abräumen?*

Quejarse	**Sich beschweren**
Necesitamos un tenedor, por favor.	*Wir brauchen eine Gabel, bitte.*
Disculpe, ¿se ha olvidado usted de mi filete? Es que estoy esperando desde hace media hora.	*Entschuldigung, haben Sie mein Filet vergessen? Ich warte schon eine halbe Stunde.*
Perdone, pero yo no he pedido esto.	*Entschuldigung, aber das habe ich nicht bestellt.*

Perdone, pero la sopa está fría / no está caliente / está muy salada.	*Entschuldigung, aber die Suppe ist kalt / ist nicht heiß / ist versalzen.*
Perdone, pero la pizza está quemada.	*Entschuldigung, aber die Pizza ist verbrannt.*
Perdone, pero el solomillo está muy duro.	*Entschuldigung, aber das Filet ist sehr zäh.*
Perdone, pero el vino tiene restos de corcho / sabe a corcho.	*Entschuldigung, aber der Wein korkt / schmeckt korkig.*
La cerveza no está lo suficientemente fría.	*Das Bier ist nicht kalt genug.*
¿Podría llamar al encargado?	*Würden Sie bitte den Chef holen?*
La cuenta no está bien.	*Die Rechnung stimmt nicht.*
¿Podría bajar un poco la música, por favor?	*Könnten Sie bitte die Musik ein bisschen leiser stellen?*

Schule und Beruf

Die Schule

aprender
[apreṇ'der] **lernen**
Yo aprendí a leer con cinco años. ➡ *Ich habe lesen gelernt, als ich 5 Jahre alt war.*

estudiar
[estu'ðjar] **lernen**
Antonio está estudiando para el examen de inglés. ➡ *Antonio lernt gerade für seine Englischprüfung.*

enseñar
[ense'ɲar] **lehren**
Enseña alemán en un colegio privado. ➡ *Er / Sie lehrt Deutsch an einer Privatschule.*

el escolar
[esko'lar] la escolar
der Schüler, die Schülerin
Los escolares de este colegio llevan uniforme. ➡ *Die Schüler dieser Schule tragen eine Uniform.*

la escuela
[es'kwela] **die Schule**
Desde la escuela hasta mi casa tarda unos 20 minutos. ➡ *Er / Sie braucht circa 20 Minuten von der Schule bis zu mir nach Hause.*

el colegio
[ko'lexjo] **die Schule**
Mi hijo va al colegio en bicicleta. ➡ *Mein Sohn fährt mit dem Fahrrad zur Schule.*

el insti(tuto)
[insti'tuto] **das Gymnasium, das Gymi** *ugs*
Después del colegio Fran irá al instituto. ➡ *Nach der (Grund) schule wird Fran das Gymnasium besuchen.*

la clase
['klase] **der Unterricht, die Unterrichtsstunde**
Hay que prestar atención en clase. ➡ *Im Unterricht muss man aufpassen.*

la asignatura
[asiɣna'tura] **das Fach**
Mi asignatura preferida era la literatura. ➡ *Mein Lieblingsfach war Literatur.*

la nota
['nota] **die Note**
Si no sacas buenas notas, mal rollo. ➡ *Wenn du keine guten Noten nach Hause bringst, gibt's Ärger.*

explicar
[espli'kar] **erklären**
Explícamelo para que lo entienda… ➡ *Erklär es mir, damit ich es verstehen kann …*

entender
[enten'der] **verstehen**
¿Entiendes lo que dice?
➡ *Verstehst du, was er / sie sagt?*

incorrecto
[iŋko'rrekto] incorrecta
falsch
La respuesta es incorrecta.
➡ *Die Antwort ist falsch.*

correcto
[ko'rrekto] correcta **richtig**
La respuesta es correcta.
➡ *Die Antwort ist richtig.*

los deberes
[de'βeres] **die Hausaufgaben**
Tienes que hacer los deberes en condiciones. ➡ *Du musst die Hausaufgaben ordentlich machen.*

escribir
[eskri'βir] **schreiben**
Le he escrito una carta.
➡ *Ich habe ihm / ihr einen Brief geschrieben.*

copiar
[ko'pjar] **abschreiben**
Ana no hace nunca los deberes, los copia siempre de Juan. ➡ *Ana macht nie Hausaufgaben, sie schreibt immer nur von Juan ab.*

el examen
[eɣ'samen] **die Prüfung**
He tenido mala suerte en el examen. ➡ *In der Prüfung hatte ich Pech.*

hacer trampas
[a'θer'trampas] **mogeln, schummeln** *ugs*
¡Ni se te ocurra hacer trampas en el examen! ➡ *Versuch erst gar nicht in der Prüfung zu schummeln!*

aprobar
[apro'βar] **bestehen**
Mi hermana ha aprobado la selectividad.
➡ *Meine Schwester hat das Abitur bestanden.*

catear *ugs*
[kate'ar] **scheitern, durchfallen**
Me han cateado en deporte.
➡ *Sie haben mich in Sport durchfallen lassen.*

repetir

[rrepe'tir] **wiederholen**
Tendré que repetir el curso.
➡ *Ich werde den Kurs wiederholen müssen.*

estudiar

[estu'ðjar] **studieren**
Estudia en la universidad.
➡ *Er / Sie studiert an der Universität.*

el estudiante

[estu'ðjante] la estudiante
der Student, die Studentin
Es estudiante de derecho.
➡ *Er / Sie studiert Jura.*

el estudio

[es'tuðjo] **das Studium**
Trabaja de recepcionista para pagarse los estudios.
➡ *Sie arbeitet als Rezeptionistin, um sich das Studium zu finanzieren.*

Es un flojo, no quiere trabajar.
Er ist ein Faulpelz, er will nicht arbeiten.

la universidad

[uniβersi'ðað] **die Universität**
Mi madre da clases de física en la universidad.
➡ *Meine Mutter lehrt Physik an der Universität.*

la práctica

['praktika] **das Praktikum**
Al final de la práctica tiene que hacer un informe. ➡ *Am Ende des Praktikums muss er / sie einen Bericht schreiben.*

el profe(sor)

[profe'sor] la profe(sora)
der Lehrer, die Lehrerin
Mi profe de matemáticas es muy exigente. ➡ *Mein Mathelehrer verlangt sehr viel.*

la formación (profesional)

[forma'θjon]
die (Berufs)-ausbildung
Luisa ha comenzado una formación como enfermera.
➡ *Luisa hat eine Ausbildung als Krankenschwester angefangen.*

buscar

[bus'kar] **suchen**
Es duro buscar trabajo actualmente en España. ➡ *Es ist hart, heutzutage in Spanien nach einem Job zu suchen.*

encontrar

[eŋkon̩'trar] **finden**
Encontrar un buen puesto de trabajo no es fácil en ninguna parte. ➡ *Eine gute Stelle zu finden, ist nirgends einfach.*

Die Arbeit

solicitar
[soliθiˈtar] **sich bewerben**
Antonio ha solicitado un trabajo en la empresa de la competencia. ➡ *Antonio hat sich bei einem Unternehmen der Konkurrenz beworben.*

la solicitud (de trabajo)
[soliθiˈtuð] **die Bewerbung**
Jorge ha mandado muchas solicitudes de trabajo. ➡ *Jorge hat schon viele Bewerbungen geschrieben.*

Hay currelos malos y currelos peores.
Es gibt schlimme Jobs und noch schlimmere Jobs.

el curriculum (vitae)
[kuˈrrikulun] **der Lebenslauf**
Creo que mi curriculum no está nada mal. ➡ *Ich denke, dass mein Lebenslauf gar nicht so übel aussieht.*

la entrevista (de trabajo)
[en̩treˈβista] **das Vorstellungsgespräch**
¡Me han llamado para ir a una entrevista de trabajo! ➡ *Man hat mich zu einem Vorstellungsgespräch eingeladen!*

la empresa
[emˈpresa] **die Firma, das Unternehmen**
Es una persona muy querida en la empresa. ➡ *In der Firma ist er / sie sehr beliebt.*

la profesión
[profeˈsjon] **der Beruf**
Su profesión es la de traductora e intérprete. ➡ *Sie ist Übersetzerin und Dolmetscherin von Beruf.*

empezar
[empeˈθar] **anfangen**
Todavía no he empezado a trabajar. ➡ *Ich habe noch nicht angefangen zu arbeiten.*

trabajar
[traβaˈxar] **arbeiten**
En esta oficina trabajan diez personas. ➡ *In diesem Büro arbeiten zehn Personen.*

el trabajo

[tra'βaxo] **die Arbeit, der Job**
No le molestes mientras está trabajando. ➡ *Störe ihn / sie nicht bei der Arbeit.*

el curro *ugs*

['kurro] **die Maloche** *slang*
Este curro está acabando con mi vida. ➡ *Diese Maloche bringt mich noch um.*

estresante

[estre'san̦te] **stressig**
El trabajo de comercial es muy estresante. ➡ *Die Arbeit als (Handels)vertreter ist sehr stressig.*

estresado

[estre'saðo] estresada **gestresst**
Está muy estresada, tiene que darse prisa continuamente.
➡ *Sie ist sehr gestresst, dauernd muss sie hetzen.* *ugs*

la condición

[kon̦di'θjon] **die Bedingung**
Las condiciones están escritas en la póliza de seguro.
➡ *Die Bedingungen stehen im Versicherungsschein.*

el jefe

['xefe] la jefa
der Chef, die Chefin
El jefe anterior era más simpático. ➡ *Der frühere Chef war sympathischer.*

el compañero (de trabajo)

[kompa'ɲero]

la compañera (de trabajo)

der Kollege, die Kollegin
Son compañeros de trabajo desde hace tres meses.
➡ *Seit drei Monaten sind sie Arbeitskollegen.*

conocer

[kono'θer] **kennen(lernen)**
Viene acompañado de su compañera, por fin vamos a conocerla. ➡ *Er kommt mit seiner Kollegin. Endlich werden wir sie kennenlernen.*

duro

['duro] dura **anstrengend**
Ha sido una semana muy dura.
➡ *Es war eine sehr anstrengende Woche.*

¡Mi jefe es un negrero!
Mein Chef ist ein Sklaventreiber! *ugs*

la jornada completa

[xor'naðakomple'ta] **die Vollzeit**
Manuel trabaja a jornada completa en la cadena de montaje en una fábrica.
➡ *Manuel arbeitet Vollzeit in einer Fabrik am Fließband.*

la jornada a tiempo parcial

die Teilzeit

A Susana le gustaría encontrar un trabajo (con jornada) a tiempo parcial.
➡ *Susana möchte eine Teilzeitarbeit finden.*

el trabajador auxiliar

[traβaxa'ðorau̯ˠsi'ljar]

la trabajadora auxiliar

die Aushilfskraft

Pedro solo es un trabajador auxiliar. ➡ *Pedro arbeitet nur als Aushilfskraft.*

el salario

[sa'larjo] **das Gehalt**

El salario que me han ofrecido está de puta madre.
➡ *Das Gehalt, das man mir angeboten hat, ist schon ganz schön geil.* vulg

Die spanische *siesta* (Mittagsschlaf) ist eigentlich fast nur noch ein europäischer Touristenmythos. Kein erwerbstätiger Spanier wird sich wohl eine Siesta mitten am Tag leisten können, es sei denn, er ist im Urlaub. Verglichen zu den Deutschen beginnen die Spanier jedoch ihren Arbeitstag später – dafür bleibt man aber auch länger im Büro, oft sogar bis 20 oder 21 Uhr.

el sueldo

['swel̩do] **der Lohn**

Por fin le han subido el sueldo. ➡ *Endlich hat man seinen / ihren Lohn erhöht.*

¡No gana ni para pipas! Er / Sie verdient rein gar nichts!

satisfecho

[satis'fetʃo] satisfecha

zufrieden

Si sigues haciéndolo todo de cualquier manera, nunca quedarás satisfecho con el resultado. ➡ *Wenn du weiterhin alles so schludrig machst, wirst du nie mit dem Ergebnis zufrieden sein.*

insatisfecho

[insatis'fetʃo] insatisfecha

unzufrieden

Da igual lo que ocurra, siempre estás insatisfecho. ➡ *Egal was passiert, du bist immer unzufrieden.*

despedir

[despe'ðir] **entlassen**

La empresa ha despedido a mil trabajadores más. ➡ *Die Firma hat weitere tausend Arbeiter entlassen.*

despedirse

[despeˈðirse] **kündigen**
El trabajo era tan coñazo que me despedí a los dos meses. ➡ *Die Arbeit war so langweilig, dass ich nach zwei Monaten gekündigt habe.*

No voy a volver a cagarla en el trabajo. Ich werde es wmir auf der Arbeit nicht wieder verscherzen. *vulg*

las vacaciones

[bakaˈθjones] **die Ferien, der Urlaub**
Las vacaciones empiezan en agosto. ➡ *Die Ferien beginnen im August.*

pedir la baja (laboral)

[peˈðirlaˈbaxa] **sich krankschreiben lassen**
Estaba tan enfermo que tuvo que pedir la baja. ➡ *Er / Sie war so krank, dass er / sie sich krankschreiben lassen musste.*

jubilarse

[xuβiˈlarse] **in Rente gehen**
Ella está jubilada, se jubiló hace un año. ➡ *Sie ist Rentnerin, sie ging vor einem Jahr in Rente.*

Alles, was Spaß macht

Freizeit

el hobby
['xoβi] **das Hobby**
¿Cuál es tu hobby preferido? ➡ *Was ist dein Lieblingshobby?*

la afición
[afi'θjon] **das Steckenpferd, die Lieblingsbeschäftigung**
La afición de muchos españoles es el fútbol. ➡ *Viele Spanier sind total fußballbegeistert.* ugs

la pasión
[pa'sjon] **die Leidenschaft**
Su pasión son todas las mujeres... ➡ *Seine Leidenschaft sind die Frauen ...*

el tiempo libre
['tjempo'liβre] **die Freizeit**
En mi tiempo libre hago deporte. ➡ *In meiner Freizeit treibe ich Sport.*

la broma
['broma] **der Spaß**
Los españoles gastan bromas el 28 de diciembre. ➡ *Am 28. Dezember verulken sich die Spanier gegenseitig.* ugs

la coña *vulg*
['koɲa] **der Scherz**
¡No me vengas con coñas! ➡ *Veräppel mich nicht!* ugs

reír(se)
[rre'ir] **lachen**
Hay que aprender a reírse de uno mismo. ➡ *Man muss lernen, über sich selbst zu lachen.*

¡Ya basta con el choteo!, ¿no os parece? Schluss mit lustig, ja? ugs

divertirse
[diβer'tirse] **Spaß haben, sich amüsieren**
Me divierte mucho tocar el piano. ➡ *Es macht mir Spaß, Klavier zu spielen.*

interesar
[intere'sar] **interessieren, begeistern**
Estoy harta de mi novio: Le interesa más el fútbol que yo. ➡ *Ich habe die Nase voll von meinem Freund! Er interessiert sich mehr für Fußball als für mich.* ugs

con gusto

[kon'gusto] **etw sehr gern(e) machen**

Iré con gusto hoy al cine contigo. ➡ *Ich gehe sehr gerne heute mit dir ins Kino.*

interesante

[intere'sante] **interessant**

No lo conozco bien, pero parece una persona muy interesante. ➡ *Ich kenne ihn nicht gut, aber er scheint ein sehr interessanter Mensch zu sein.*

bárbaro bárbara

['barβaro] **toll, großartig**

La fiesta estuvo bárbara.
➡ *Die Party war toll.*

relajar(se)

[rrela'xar] **(sich) entspannen**

Me encanta relajarme en la bañera después de un día estresante. ➡ *Nach einem stressigen Tag entspanne ich mich gerne in der Badewanne.*

(el) wellness

['gwelnɛs] **die Wellness**

Me gusta mucho hacer wellness el fin de semana.
➡ *Am Wochenende mache ich sehr gern Wellness.*

el descanso

[des'kanso] **die Erholung**

Una siesta permite siempre un pequeño descanso.
➡ *Ein Mittagsschlaf sorgt immer für eine kurze Erholung.*

la tele(visión)

['tele] **der Fernseher**

Por la tarde me relajo viendo un rato la tele.
➡ *Abends entspannt er / sie sich beim Fernsehen.*

¡Eres más vago que la chaqueta de un guardia! Du bist einfach stinkfaul! *ugs*

tocarse los huevos *vulg*

[to'karse-]

(faul) rumhängen *ugs*

La mayoría del tiempo lo pasa tocándose los huevos.
➡ *Die meiste Zeit hängt er nur faul rum.*

apalancarse *slang*

[apalaŋ'karse] **abhängen, chillen** *ugs*

Vamos a apalancarnos delante de la tele. ➡ *Lass uns vor der Glotze abhängen.* *ugs*

Hobby

el parque temático

['parke-] **der Erlebnispark**

El único parque temático en el que he estado es Disneylandia en París. ➡ *Disneyland Paris ist der einzige Erlebnispark, in dem ich bisher war.*

ir de compras / tiendas

['kompras / 'tjeṇdas] **shoppen (gehen)**

Su pasatiempo preferido es ir de compras / tiendas. ➡ *Seine / Ihre Lieblingsbeschäftigung ist shoppen.* ugs

bailar

[bai̯'lar] **tanzen**

Estoy aprendiendo a bailar tango. ➡ *Ich lerne Tango tanzen.*

hacer bricolaje

[briko'laxe] **heimwerken**

A Pepe le gusta mucho hacer bricolaje en casa. ➡ *Pepe werkelt gerne zu Hause rum.* ugs

hacer manualidades

[manwali'ðaðes] **basteln**

Luisa hace manualidades en su tiempo libre. ➡ *Luisa bastelt gerne in ihrer Freizeit.*

leer

[le'er] **lesen**

Como está ciego, aprendió a leer en braille. ➡ *Da er blind ist, lernte er Braille lesen.*

pescar

[pes'kar] **angeln**

Ha pescado una perca de tres kilos. ➡ *Er / Sie hat einen drei Kilo schweren Barsch geangelt.*

nadar

[na'ðar] **schwimmen**

Sé nadar crol, pero no mariposa. ➡ *Kraulen kann ich, Schmetterlingsschwimmen jedoch nicht.*

el deporte

[de'porte] **der Sport, die Sportart**
El médico me recomienda hacer deporte. ➡ *Der Arzt empfiehlt mir, Sport zu treiben.*

¡Es para matados!

Sport ist Mord! *ugs*

deportista

[depor'tista] **sportlich**
Soy una persona muy deportista, es sano. ➡ *Ich bin sehr sportlich, das ist gesund.*

la bicicleta

[biθi'kleta] **das Fahrrad**
No me gusta andar en bicicleta por la ciudad. ➡ *Ich fahre nicht gern mit dem Fahrrad durch die Stadt.*

la competición

[kompeti'θjon] **der Wettkampf**
El motorista sufrió una grave caída en la competición.
➡ *Der Motorradfahrer stürzte bei dem Wettkampf schwer.*

perder

[per'ðer] **verlieren**
Nuestro equipo ha vuelto a perder el partido.
➡ *Unsere Mannschaft hat schon wieder verloren.*

ganar

[ga'nar] **gewinnen**
Ha ganado el primer partido de la temporada. ➡ *Er / Sie hat das erste Spiel der Saison gewonnen.*

practicar

[prakti'kar] **üben, praktizieren**
Practica la esgrima desde los 10 años. ➡ *Er / Sie fechtet, seit er / sie 10 ist.*

el club

[kluβ] **der Klub, der Verein**
Quieren abrir un club de billar en aquel edificio. ➡ *In diesem Gebäude soll ein Billardklub eröffnet werden.*

el equipo

[e'kipo] **die Mannschaft, das Team**

Va al gimnasio para estar más fuerte y ser el mejor del equipo. ➡ *Er geht ins Fitnesscenter, um stärker zu werden und der Beste im Team zu sein.*

el fútbol

['fuðβol] **der Fußball**

El mundo del fútbol mueve mucho dinero. ➡ *In der Welt des Fußballs geht es um viel Geld.*

jugar

[xu'ɣar] **spielen**

Aunque jugaron bien, perdieron el partido. ➡ *Obwohl sie gut gespielt haben, verloren sie das Spiel.*

¡Hay que jugarse el todo por el todo!

Hier muss man Kopf und Kragen riskieren! *ugs*

la música

['musika] **die Musik**

Dicen que la música amansa las fieras. ➡ *Es heißt, dass Musik Raubtiere besänftigt.*

la música pop

[-pop] **die Popmusik**

Mi hija no hace otra cosa que escuchar música pop.
➡ *Meine Tochter hört die ganze Zeit Popmusik.*

el rock

[rrok] **die Rockmusik**

¿Te gusta el rock?
➡ *Magst du Rockmusik?*

el tecno

['teɣno] **die Technomusik**

Mi música preferida es el tecno. ➡ *Meine Lieblingsmusik ist Techno.*

la música clásica

[-'klasika] **die klassische Musik**

Ayer estuvimos en un concierto de música clásica.
➡ *Wir waren gestern in einem klassischen Konzert.*

el jazz

[ʤas] **der Jazz**

No soporto la música de jazz. Es horrible. ➡ *Ich kann Jazzmusik einfach nicht aushalten. Sie ist schrecklich.*

la canción

[kan̩'θjon] **das Lied**

No puedo sacarme esa canción de la cabeza. ➡ *Das Lied geht mir nicht mehr aus dem Kopf!*

tocar

[to'kar] **spielen**
Yo toco la guitarra.
➡ *Ich spiele Gitarre.*

cantar

[kaṇ'tar] **singen**
No sé cantar: desafino mucho.
➡ *Ich kann nicht singen. Es klingt total schräg.*

¡Voy a cantarle las cuarenta! Ich werde ihm / ihr eine Standpauke halten! *ugs*

el instrumento (musical)

[instru'meṇto] **das Instrument**
¿Qué instrumento tocas?
➡ *Was spielst du für ein Instrument?*

la guitarra

[gi'tarra] **die Gitarre**
Toco la guitarra clásica española. ➡ *Ich spiele klassische spanische Gitarre.*

el piano

[pi'ano] **das Klavier**
Tengo un piano en casa, pero no lo sé tocar. ➡ *Ich habe ein Klavier zu Hause, kann aber nicht spielen.*

la trompeta

[trom'peta] **die Trompete**
¡Toca la trompeta como los ángeles! ➡ *Er / Sie kann wahnsinnig gut Trompete spielen! ugs*

el violín

[bjo'lin] **die Geige**
Los stradivarius son unos violines muy famosos.
➡ *Die Stradivaris sind sehr berühmte Geigen.*

el tambor

[tam'bor] **die Trommel**
José toca el tambor en una banda de música. ➡ *José spielt Trommel in einer Musikkapelle.*

la orquesta

[or'kesta] **das Orchester**
Les robaron los instrumentos a los músicos de la orquesta.
➡ *Den Orchestermusikern wurden die Instrumente gestohlen.*

el coro

['koro] **der Chor**
Mis padres cantan en el coro de la iglesia. ➡ *Meine Eltern singen im Kirchenchor.*

el concierto

[koṇ'θjerto] **das Konzert**
El concierto de los tres tenores fue maravilloso. ➡ *Das Konzert der drei Tenöre war wunderbar.*

El concierto estaba lleno de madera. Auf dem Konzert wimmelte es von Bullen. *slang*

el dolor de oídos
[do'lor-] **der Ohrenschmerz**
La música heavy me produce dolor de oídos. ➡ *Bei Heavy Metal tun mir die Ohren weh.*

el grupo (musical)
['grupo] **die (Musik)gruppe, die Band**
El grupo musical suspendió la gira por enfermedad.
➡ *Die Band sagte die Tournee wegen Krankheit ab.*

el cantante
[kan̪'tan̪te] la cantante
der Sänger, die Sängerin
El cantante cantó en directo y lo hizo fenomenal.
➡ *Der Sänger sang live und er machte das großartig.*

celebrar
[θele'βrar] **feiern**
Este año no celebramos las Navidades. ➡ *Dieses Jahr feiern wir nicht Weihnachten.*

la fiesta
['fjesta] **die Feier, das Fest**
Mañana hago una fiesta para inaugurar mi nuevo piso.
➡ *Morgen mache ich eine Party, um meine neue Wohnung einzuweihen.*

ir(se) de marcha
['martʃa] **ausgehen**
¿Quieres que nos vayamos de marcha este sábado?
➡ *Wollen wir am kommenden Samstag ausgehen?*

**Wenn man in Spanien in einem Restaurant oder in einer Kneipe Getränke serviert bekommt, stößt man in der Regel nicht an. Dies tut man nur zu besonderen Anlässen und ausschließlich beim ersten Getränk. Prostet man sich in der Runde zu, wünscht man sich *¡Salud!* (Gesundheit!).
Aber seien Sie vorsichtig! Nur anzustoßen und dann das Glas wieder auf den Tisch zu stellen, ohne jedoch getrunken zu haben, wird als Beleidigung empfunden. Vermeiden Sie hier also lieber Missverständnisse!**

Das Wichtigste in Kürze

Disciplinas deportivas	**Sportarten**
el atletismo	*die Leichtathletik*
el bádminton	*das Badminton*
el baloncesto	*der Basketball*
el balonmano	*der Handball*
el balonvolea / voleibol	*der Volleyball*
el boxeo	*das Boxen*
el ciclismo	*der Radsport*
el culturismo	*das Bodybuilding*
la equitación	*der Reitsport*
el footing	*das Jogging*
el fútbol	*der Fußball*
la gimnasia	*die Gymnastik*
el hockey / jóquey	*das Hockey*
el yudo	*das Judo*
el kárate / karate	*das Karate*
la lucha	*das Ringen*
la natación	*das Schwimmen*
la navegación a vela	*das Segeln*
la pelota	*die Pelota (baskisches Ballspiel, bei dem der Ball von zwei Spielern oder Mannschaften mit einem schaufelförmigen Schläger an eine Wand geschleudert wird)*
el remo	*der Rudersport*
el rugbi	*das Rugby*

el (e)squash	*das Squash*
el submarinismo	*das Tauchen*
el surf	*das Surfen*
el tenis	*das Tennis*
el tenis de mesa	*das Tischtennis*
el tiro con arco	*das Bogenschießen*
el triatlón	*das Triathlon*
el windsurf	*das Windsurfen*

Reisen und Feiern

In der Stadt unterwegs

la ciudad
[θjuˈðað] **die Stadt**
Una ciudad de un millón de habitantes. ➡ *Eine Stadt mit einer Million Einwohnern.*

la capital
[kapiˈtal] **die Hauptstadt**
Madrid es la capital de España. ➡ *Madrid ist die Hauptstadt von Spanien.*

el casco antiguo
[ˈkaskoan̪ˈtiɣwo] **die Altstadt**
Para ir al casco antiguo hay que tomar un autobús. ➡ *Um zur Altstadt zu gelangen, muss man den Bus nehmen.*

Ha sido durante años la comidilla del barrio. Er / Sie war jahrelang Stadtgespräch.

la plaza mayor
[ˈplaθamaˈɟor] **der Marktplatz**
En todas las ciudades hay una plaza mayor junto al ayuntamiento. ➡ *In jeder Stadt gibt es einen Marktplatz neben dem Rathaus.*

el centro
[ˈθen̪tro] **das Zentrum**
¿Qué metro podemos tomar para ir al centro? ➡ *Welche Metro können wir nehmen, um ins Zentrum zu kommen?*

el mapa (de la ciudad)
[ˈmapa] **der Stadtplan**
Fíjate en el mapa dónde está la Gran Vía. ➡ *Schau mal auf dem Stadtplan nach, wo die Gran Vía ist.*

el barrio
[ˈbarrjo] **das Stadtviertel**
Disculpe, ¿cómo puedo ir al Barrio Gótico? ➡ *Entschuldigen Sie bitte, wie komme ich zum Barrio Gótico?*

el barrio residencial
[-rresiðen̪ˈθjal] **das Wohnviertel**
En un barrio residencial no está permitido instalar fábricas ni comercios. ➡ *In Wohnvierteln dürfen keine Fabriken und keine Läden sein.*

el barrio comercial
[-komer'θjal]
das Einkaufsviertel
Cerca del hotel está el barrio comercial. ➡ *In der Nähe des Hotels befindet sich das Einkaufsviertel.*

la calle comercial
['kaʎe-] **die Einkaufsstraße**
El hotel está en la calle Fuencarral, una calle comercial muy popular. ➡ *Das Hotel liegt in der Calle Fuencarral, einer sehr beliebten Einkaufsstraße.*

la zona peatonal
['θonapeato'nal]
die Fußgängerzone
Una zona peatonal es una zona cerrada al tráfico de vehículos. ➡ *Eine Fußgängerzone ist eine für den Verkehr gesperrte Zone.*

el callejón
[kaʎe'xon] **die Gasse**
En el casco antiguo hay muchos callejones. ➡ *In der Altstadt gibt es viele Gassen.*

el callejón sin salida
[-sinsa'liða] **die Sackgasse**
Creo que nos hemos metido en un callejón sin salida. ➡ *Ich glaube, wir sind in einer Sackgasse gelandet.*

la calle
['kaʎe] **die Straße**
¿Hay por esta calle alguna peluquería? ➡ *Gibt es in dieser Straße einen Friseur?*

el camino
[ka'mino] **der Weg**
Preguntemos mejor por el camino. ➡ *Wir sollten besser nach dem Weg fragen.*

la descripción del camino
die Wegbeschreibung
En el prospecto está la descripción del camino. ➡ *In dem Programm befindet sich eine Wegbeschreibung.*

ir
[ir] **gehen, fahren**
¿Cómo vas, en coche o a pie? ➡ *Wie kommst du hin? Fährst du mit dem Auto oder gehst du zu Fuß?*

conducir
[kon̪du'θir] **fahren**
Por la noche no me gusta conducir. ➡ *Ich fahre nachts nicht gern.*

el circuito turístico
[θirku'itotu'ristiko]
die Rundfahrt
Podemos hacer un circuito turístico por el casco antiguo. ➡ *Wir könnten eine Rundfahrt durch die Altstadt machen.*

el guía[1]
['gia] la guía **der Reiseleiter, die Reiseleiterin**
La guía turística está como un tren. ➡ *Die Reiseleiterin sieht geil aus.* vulg

la guía[2]
['gia] **der Reiseführer** (Buch)
En la guía pone que es un buen restaurante. ➡ *Im Reiseführer steht, dass das ein gutes Restaurant sein soll.*

la visita
[bi'sita] **die Besichtigung**
¿A qué hora es la visita al museo? ➡ *Um wie viel Uhr findet die Besichtigung im Museum statt?*

el visitante
[bisi'ta̦nte] la visitante
der Besucher, die Besucherin
Diariamente vienen más de 500 visitantes.
➡ *Täglich haben wir über 500 Besucher.*

visitar
[bisi'tar] **besichtigen**
¡Vamos a visitar la catedral!
➡ *Komm, lass uns die Kathedrale besichtigen.*

la cultura
[kul̦'tura] **die Kultur**
Los incas tenían una cultura muy avanzada. ➡ *Die Inkas hatten eine hoch entwickelte Kultur.*

cultural
[kul̦tu'ral] **kulturell, Kultur-**
La oferta cultural en Barcelona es inmensa. ➡ *Das kulturelle Angebot in Barcelona ist riesig.*

el arte
['arte] **die Kunst**
En ese barrio están las mejores galerías de arte de Madrid.
➡ *In diesem Viertel befinden sich die besten Kunstgalerien von ganz Madrid.*

el artista
[ar'tista] la artista
der Künstler, die Künstlerin
Dalí era un artista catalán de fama mundial. ➡ *Dalí war ein weltberühmter katalanischer Künstler.*

artístico
[ar'tistiko] artística
künstlerisch
La obra artística de Picasso es admirable. ➡ *Picassos künstlerisches Gesamtwerk ist bewundernswert.*

la galería
[gale'ria] **die Galerie**
Queremos visitar una galería de arte. ➡ *Wir möchten eine Kunstgalerie besuchen.*

la exposición
[esposi'θjon] **die Ausstellung**
Es una exposición itinerante que termina el 15 de julio.
➡ *Es handelt sich um eine Wanderausstellung, die am 15. Juli endet.*

gratuito

[gra'twito] gratuita **kostenlos**
Para estudiantes la entrada es gratuita. ➡ *Für Studenten ist der Eintritt kostenlos.*

el monumento

[monu'mento] **das Denkmal**
Es un monumento en honor a Lorca y su poesía. ➡ *Das ist ein Denkmal zu Ehren von Lorca und seiner Dichtung.*

el cuadro

['kwaðro] **das Bild, das Gemälde**
Ese cuadro de Miró se vendió por 50.000 euros.
➡ *Dieses Bild von Miró wurde für 50.000 Euro verkauft.*

el monasterio

[monas'terjo] **das Kloster**
En la actualidad el monasterio es un hotel. ➡ *Heute ist das Kloster ein Hotel.*

la cúpula

['kupula] **die Kuppel**
Subimos a la cúpula para contemplar los techos del casco antiguo. ➡ *Wir sind zur Kuppel aufgestiegen, um die Dächer der Altstadt zu betrachten.*

la muralla

[mu'raʎa] **die Stadtmauer, die Festungsmauer**
La ciudad está rodeada de murallas medievales.
➡ *Die Stadt ist von einer mittelalterlichen Stadtmauer umgeben.*

el museo

[mu'seo] **das Museum**
Los museos cierran generalmente los lunes.
➡ *Montags haben die Museen in der Regel geschlossen.*

¡Menudo cuadro! Schöne Geschichte! *ugs*

el teatro

[te'atro] **das Theater**
En Buenos Aires hay 300 salas de teatro en funcionamiento.
➡ *In Buenos Aires gibt es 300 Theatersäle.*

¿Qué teatro es esto? Was ist denn das für 'ne Nummer? *ugs*

la información

[ɪnfɔrma'θjon] **die Auskunft**
Necesito información sobre los precios. ➡ *Ich würde mich gerne über die Preise informieren.*

la reserva

[rre'serβa] **die Reservierung**
¿Es necesario hacer reserva?
➡ *Muss man reservieren?*

La actriz se quitó la ropa en público.

Die Schauspielerin zog sich vor allen Leuten aus.

Party People!

reservar

[rreser'βar] **buchen, reservieren**

Quisiera reservar dos entradas para el teatro. ➡ *Ich würde gerne zwei Karten für das Theater reservieren.*

la obra de teatro

['oβradete'atro] **das Theaterstück**

El sábado fuimos a ver una obra de teatro muy divertida. ➡ *Am Samstag haben wir uns ein lustiges Theaterstück angesehen.*

el público

['puβliko] **das Publikum**

El público aplaudió durante 5 minutos. ➡ *Das Publikum applaudierte 5 Minuten lang.*

la farra *slang*

['farra] **die Party, die Gaudi** *ugs*

El sábado me voy de farra con mi peña. ➡ *Am Samstag mache ich mit meiner Clique 'ne Party. ugs*

Eres un fiestero, sales todos los días.

Du bist 'n echter Partygänge du gehst ja jeden Tag aus! ug

empalmar *slang*

[empal'mar] **die ganze Nacht feiern**

¿Por qué no empalmamos hasta mañana? ➡ *Warum ziehen wir nicht die ganze Nacht um die Häuser? ugs*

la noche[1]

['notʃe] **die Nacht**
Pasamos toda la noche despiertos. ➡ *Wir waren die ganze Nacht wach.*

la noche[2]

['notʃe] **der Abend**
Aquella noche fue especial. ➡ *Das war ein besonderer Abend.*

el cine

['θine] **das Kino**
¿Vamos al cine esta noche? ➡ *Gehen wir heute Abend ins Kino?*

salir de marcha

[sa'lirde'martʃa] **ausgehen**
El viernes salimos de marcha, ¿te apuntas? ➡ *Am Freitag gehen wir aus, kommst du mit?*

la entrada[1]

[en̩'traða] **der Eingang**
Te espero en la entrada del bar, ¿vale? ➡ *Ich warte am Eingang der Bar auf dich, okay?*

la entrada[2]

[en̩'traða] **die Eintrittskarte**
Tengo dos entradas para el cine. ➡ *Ich habe zwei Eintrittskarten fürs Kino.*

la disco(teca)

[disko'teka] **die Diskothek, die Disco**
¿La disco está lejos? ➡ *Ist die Disco weit weg?*

el bar

[bar] **die Bar, die Kneipe**
En los pueblos de Castilla, en cada esquina, hay un bar. ➡ *In den kastilischen Ortschaften gibt es an jeder Ecke eine Bar.*

el bareto *vulg*

[ba'reto] **die Kneipe**
Este bareto tiene unas tapas fantásticas. ➡ *In dieser Kneipe gibt es fantastische Tapas.*

el garito *slang*

[ga'rito] **die Spelunke** *abw*
El garito de la calle Balmes es nuevo. ➡ *Die Spelunke in der Calle Balmes ist neu.*

el piti *slang*

['piti] **die Kippe, die Ziggi** *ugs*
Dame un piti, me he quedado sin tabaco. ➡ *Kannst du mir 'ne Kippe geben, ich habe keine mehr.* *ugs*

la bebida

[be'βiða] **das Getränk**
La bebida no está incluida en el precio. ➡ *Das Getränk ist im Preis nicht inbegriffen.*

la bebida (no) alcohólica
[beˈβiðanoalkoˈolika]
das alkoholfreie Getränk
¿Qué bebidas no alcohólicas tienen? ➡ *Was gibt es für alkoholfreie Getränke?*

el agua
[ˈaɣwa] **das Wasser**
¿Nos trae una botella de agua, por favor? ➡ *Würden Sie uns bitte eine Flasche Wasser bringen?*

el refresco
[rreˈfresko]
das Erfrischungsgetränk
Tengo sed, ¿tomamos un refresco? ➡ *Ich habe Durst. Sollen wir was trinken gehen?*

el zumo
[ˈxuɣo] **der Saft**
Quisiera un zumo de naranja natural. ➡ *Ich hätte gerne einen frisch gepressten Orangensaft.*

la priva *slang*
[ˈpriβa] **der Alk** *ugs*
¿Tenemos bastante priva para la fiesta? ➡ *Haben wir genug Alk für die Party?*

El resacón de vino dulce es espantoso.
Ein Kater von süßem Wein ist schrecklich.

el aperitivo
[aperiˈtiβo] **der Aperitif inklusive kleiner Tapas**
Antes de comer los españoles suelen tomar un aperitivo.
➡ *Vor dem Essen trinken die Spanier normalerweise einen Aperitif und essen ein paar kleine Tapas.*

el jerez
[xeˈreθ] **der Sherry**
El jerez es el fino más popular en España. ➡ *Sherry ist der beliebteste Fino-Wein Spaniens.*

el cava
[ˈkaβa] **der Sekt**
¿A cuánto está este cava?
➡ *Was kostet dieser Sekt?*

el vino
[ˈbino] **der Wein**
Este restaurante tiene una carta de vinos muy buena.
➡ *Dieses Restaurant hat eine sehr gute Weinkarte.*

la caña
['kaɲa] **das Glas Bier**
¿Prefieres cerveza de botella o una caña? ➡ *Möchtest du lieber eine Flasche oder ein Glas Bier?*

la birra *vulg*
['birra] **das Bier**
Traeme otra birra, que tengo sed. ➡ *Bring mir noch ein Bier, ich hab Durst.*

De privar tanto tienes una barriga cervecera.
Vom vielen Trinken hast du einen Bierbauch bekommen.

agarrarla de *vulg*
[aɣa'rrarla-] **sich einen antrinken** *ugs*
El sábado la agarré de aguardiente. ➡ *Am Samstag habe ich mir mit Schnaps einen angetrunken.*

el vodka
['boθka] **der Wodka**
Me gusta tomar vodka con naranja cuando salgo.
➡ *Wenn ich ausgehe, trinke ich gerne einen Wodka-Orange.*

el ron
[rron] **der Rum**
El ron de Cuba está buenísimo.
➡ *Der Rum aus Kuba ist total lecker.* *ugs*

la ginebra
[xi'neβra] **der Gin**
No me gusta la ginebra, es amarga. ➡ *Ich mag Gin nicht, er schmeckt bitter.*

privar *vulg*
[pri'βar] **saufen** *ugs*
Voy a privar hasta que me caiga al suelo. ➡ *Ich werd saufen, bis ich umfalle.*

ciego, *slang* ciega
['θjeɣo] **blau** *ugs*
Estoy ciega, no puedo seguir bebiendo. ➡ *Ich bin blau, ich kann mehr nicht weitertrinken.* *ugs*

el resacón
[resa'kon] **der Kater** *ugs*
¡Tengo un resacón del quince! ➡ *Ich habe einen Mordskater!* *ugs*

bolinga *vulg*
[bo'liŋga] **sternhagelvoll** *ugs*
Llegué ya bolinga a la fiesta del cumple. ➡ *Ich war schon sternhagelvoll, als ich auf die Geburtstagsparty kam.*

el botellón
[bote'ʎon] **das Komasaufen, das Trinkgelage** *ugs*
Vamos a hacer el botellón a la plaza. ➡ *Komm, wir ziehen zum Marktplatz zum Komasaufen!*

echar la papa *vulg*
[e'ʧarla'papa] **kotzen** *vulg*
He bebido demasiado, voy a echar la papa. ➡ *Ich hab zu viel gebechert, ich muss kotzen!*

Se puso a potar en la calle. Er / Sie hat auf die Straße gekotzt. *vulg*

pagar
[pa'ɣar] **bezahlen**
Aún no he pagado la cuenta. ➡ *Ich habe noch nicht die Rechnung bezahlt.*

aflojar la mosca *vulg*
[aflo'xarla'moska]
die Kohle rausrücken *ugs*
Venga, afloja la mosca, no quiero pagar yo solo / sola. ➡ *Komm, rück mal die Kohle raus, ich will nicht alles zahlen müssen.*

apoquinar *vulg*
[apoki'nar] **blechen** *ugs*
No quiero apoquinar tanto dinero por un coche. ➡ *Ich will nicht so viel Geld für ein Auto blechen müssen.*

Spanische Frauen sind zwar sehr selbstbewusst und emanzipiert, haben aber sicherlich nichts dagegen, auf einen Drink eingeladen zu werden. Dies gilt noch immer als Höflichkeitsgeste eines Mannes. Und soll aus dem Flirt mehr werden, vergisst man besser *la goma* (das Kondom) nicht.

Das Wichtigste in Kürze

Bares y fiestas	**Kneipe und Party**
apalancarse *slang*	*chillen / loungen / herumhängen*
el bareto, el garito	*die Spelunke / Kaschemme*
la basca *slang*	*die Bagage / Bande*
la birra	*das Bierchen*
el botellón	*das Feiern und Trinken auf der Straße*
chill out	*relaxen, chillen*
el cigui	*die Fluppe / Kippe / Ziggi*
el / la colega	*der Kumpel / Kollege*
la curda	*der Rausch / Suff*
dar plantón	*versetzen*
la disco	*die Disko*
empalmar	*durchmachen*
la farra, la fiesta *vulg*	*die Fete / Party*
la litrona	*der Stein (1 Liter Bier)*
el piti, el pito *slang*	*die Fluppe / Kippe / Ziggi*
relajar	*relaxen, chillen*
el resacón	*der Kater (durch Alkohol)*
la tajada, la trompa *slang*	*der Rausch / Suff*
la tapa	*die Tapa (span. Häppchen)*
el tapeo	*ein paar Tapas essen gehen*
tapiñar	*von Tapas-Bar zu Tapas-Bar ziehen und Tapas essen*
el / la tron *slang*	*der Kumpel / Kollege*
el vino peleón	*der Fusel*

tomar unas copas / unos vinos	*einen trinken gehen / ein paar Gläser Wein trinken gehen / ein paar Drinks nehmen*
meterse un pelotazo *vulg*	*sich einen hinter die Binde kippen*
irse de marcha	*ausgehen*
¿Dónde está la marcha?	*Wo geht was ab? / Wo ist was los?*
En la disco hay una movida genial.	*In der Disko herrscht 'ne Bombenstimmung.*
Esta música mola (cantidad). *vulg*	*Die Musik ist voll cool / geil.*
tomar una birra *vulg*	*ein Bierchen zischen*
¿Qué pasa? / ¿Qué hay? / ¿Qué va?	*Was geht (ab)?*
Aquí hay tías para pescar. *vulg*	*Da geht was.*
meterse una raya	*eine Line ziehen*
meterse un tripi	*einen Trip einwerfen*

Flirtear	**Flirten**
Tienes unos ojos preciosos.	*Du hast wunderschöne Augen*
Me gusta cómo sonríes.	*Mir gefällt, wie du lächelst.*
Me gustas.	*Du gefällst mir.*
¡Te encuentro fantástico / fantástica!	*Ich finde dich ganz toll.*
¿Tienes novio / novia?	*Hast du einen festen Freund / eine feste Freundin?*
¿Tienes fuego, guapo / preciosa?	*Hast du Feuer, Süße(r)?*
¿Cómo un chico / una chica como tú, en un lugar como éste?	*Was macht jemand wie du an einem Ort wie diesem?*
¡Te invito a una copa!	*Ich lade dich zu einem Drink ein.*

¿Tomamos la penúltima copa en mi casa?	*Willst du noch auf einen letzten Drink zu mir nach Hause kommen?*
¿A tu casa o a la mía?	*Gehen wir zu dir oder zu mir?*
¿Por qué no vamos a un lugar más tranquilo donde podamos hablar?	*Warum gehen wir nicht an einen ruhigeren Ort, wo wir uns unterhalten können?*
Oye, he perdido mi número de teléfono, ¿por qué no me das el tuyo?	*Ich habe meine Telefonnummer verloren. Krieg' ich deine?*

Cita	**Verabredung**
¿Tiene usted / Tienes algún plan para mañana por la noche?	*Haben Sie / Hast du morgen Abend schon etwas vor?*
¿Quiere usted / Quieres que vayamos juntos?	*Wollen wir zusammen hingehen?*
¿Quiere usted / Quieres que hagamos algo juntos esta noche?	*Wollen wir heute Abend was zusammen machen?*
Me gustaría invitarle / invitarla / invitarte mañana a cenar.	*Darf ich Sie / dich morgen Abend zum Essen einladen?*
¿A qué hora nos encontraremos?	*Wann treffen wir uns?*
Podemos encontrarnos a las nueve delante de ... / en ...	*Treffen wir uns um 9 Uhr vor ... / im ...*
Le / La / Te recogeré.	*Ich hole Sie / dich ab.*
¡Ha sido una velada estupenda!	*Das war wirklich ein netter Abend!*
Me agradaría volver a verle / verla / verte.	*Kann ich Sie / dich wiedersehen?*
¿Cuándo nos volvemos a ver?	*Wann sehen wir uns wieder?*

Posturas / posiciones	**Stellungen**
la postura / posición del misionero	*die Missionarsstellung*
la postura / posición del perrito	*die Hündchenstellung*
la postura / posición del molde	*die Löffelchenstellung*
la postura / posición de la amazona / del jinete	*die Reiterstellung*
la postura / posición de la amazona / del jinete invertida, la cabalgata de espaldas	*die verkehrte Reiterstellung, die verirrte Reiterin*
la posición del 69, el 69	*die Neunundsechzig (69)*
la paja cubana, la paja rusa, la gallola	*die spanische Stellung, der Busensex*
el sexo cibernético, el ciber sexo	*der Cybersex*
vaginal	*vaginal*
el voyeurismo	*der Voyeurismus*

Anticonceptivo	**Verhütungsmittel**
el anillo vaginal	*der Vaginalring*
el condón	*das Kondom*
el condón femenino	*das Frauenkondom*
el diafragma	*das Diaphragma*
la espiral (hormonal), el DIU (hormonal)	*die (Hormon)spirale*
el (gel) espermicida	*das Spermizid*
el implante (hormonal)	*das Verhütungsstäbchen*
el método de la temperatura	*die Temperaturmethode*
el método del test hormonal Persona®	*Persona®*
el método Ogino	*die Kalendermethode*
la píldora antibaby	*die (Antibaby)pille*

Politik und Gesellschaft

Politik

el pueblo
['pweβlo] **das Volk**
En una democracia es el pueblo el que elige a sus representantes. ➡ *In einer Demokratie wählt das Volk seine Vertreter.*

la nación
[na'θjon] **die Nation**
El jefe del Estado ha pronunciado un discurso frente a la nación. ➡ *Der Staatspräsident hat eine Rede vor der Nation gehalten.*

el Estado
[es'taðo] **der Staat**
La cumbre ha reunido a numerosos jefes de Estado. ➡ *Der Gipfel hat viele Staatschefs zusammengeführt.*

el país
[pa'is] **das Land**
¿De qué país vienes tú? ➡ *Aus welchem Land kommst du?*

la liberación
[liβera'θjon] **die Befreiung**
La liberación de Francia por los Aliados comenzó en 1944. ➡ *Die Befreiung Frankreichs durch die Alliierten begann 1944.*

la libertad
[liβer'tað] **die Freiheit**
La libertad de culto es un derecho fundamental. ➡ *Die Religionsfreiheit ist ein Grundrecht.*

la independencia
[i̦ndepe̦n'de̦nθja] **die Unabhängigkeit**
El 4 de julio EE. UU. conmemora su independencia. ➡ *Am 4. Juli feiern die USA ihre Unabhängigkeit.*

el sistema
[sis'tema] **das System**
Alemania y España tienen sistemas sanitarios diferentes. ➡ *Deutschland und Spanien haben unterschiedliche Gesundheitssysteme.*

la democracia
[demo'kraθja] **die Demokratie**
En una democracia se respeta al individuo. ➡ *In einer Demokratie respektiert man jeden Einzelnen.*

democrático

[demoˈkratiko] **democrática**

demokratisch

El principio democrático es invulnerable. ➡ *Das demokratische Prinzip ist unverwundbar.*

la república

[rreˈpuβlika] **die Republik**

En una república se elige también al presidente del Estado. ➡ *In einer Republik wird auch der Staatschef gewählt.*

la monarquía (parlamentaria)

[monarˈkia]

die (parlamentarische) Monarchie

España, Noruega, Suecia, Dinamarca, Holanda y Bélgica son monarquías. ➡ *Spanien, Norwegen, Schweden, Dänemark, Holland und Belgien sind Monarchien.*

el Gobierno

[goˈβjerno] **die Regierung**

El Gobierno acaba de aprobar una nueva ley de pensiones. ➡ *Die Regierung hat ein neues Rentengesetz verabschiedet.*

el presidente (del Gobierno)

[presiˈðente] **la presidenta del Gobierno**

der Ministerpräsident, die Ministerpräsidentin

Felipe González fue muchos años presidente del Gobierno en España. ➡ *Felipe González war jahrelang Ministerpräsident von Spanien.*

el jefe de Estado

[ˈxefedel-]

la jefa de Estado

der Staatschef, die Staatschefin

En España el jefe del Estado es el rey, aunque solo tenga funciones representativas. ➡ *In Spanien ist der König Staatschef, auch wenn er nur repräsentative Funktionen besitzt.*

el rey

[rrei̯] **la reina** **der König, die Königin**

¿Quién será el próximo rey de España? ➡ *Wer wird der nächste König von Spanien?*

Hablando del rey de Roma… Wenn man vom Teufel spricht …

el reino

[ˈrrei̯no] **das Königreich**

Un reino es un país en el que el rey o la reina están a la cabeza del Gobierno. ➡ *Ein Königreich ist ein Land, in dem ein König oder eine Königin an der Spitze der Regierung steht.*

el ciudadano

[θjuða'ðano] la ciudadana **der Staatsangehörige, die Staatsangehörige**
Carmen es ciudadana española. ➡ *Carmen ist spanische Staatsbürgerin.*

el derecho

[de'retʃo] **das Recht**
Mi jefe no tiene ni idea de derecho laboral. ➡ *Mein Chef hat überhaupt keine Ahnung vom Arbeitsrecht.*

la ley

[lei̯] **das Gesetz**
La policía hace respetar la ley. ➡ *Die Polizei sorgt dafür, dass das Gesetz befolgt wird.*

legal

[le'ɣal] **gesetzlich, legal**
¡Lo que estás proponiendo no es en absoluto legal! ➡ *Was du vorschlägst, ist auf keinen Fall legal!*

la constitución

[konstitu'θjon] **die Verfassung**
La constitución de 1812 en España se llamó „La Pepa“. ➡ *Die spanische Verfassung von 1812 wurde „La Pepa“ genannt.*

la votación

[bota'θjon] **die Wahl**
La votación en el Parlamento se realizó a puerta cerrada. ➡ *Die Wahl im Parlament fand unter Ausschluss der Öffentlichkeit statt.*

las elecciones

[eleɣ'θjones] **die Wahlen**
El domingo tienen lugar elecciones municipales, nosotros iremos a votar. ➡ *Am Sonntag sind Kommunalwahlen, wir werden wählen gehen.*

votar

[bo'tar] **wählen, stimmen**
Todos los ciudadanos mayores de 18 años pueden ir a votar. ➡ *Alle Bürger über achtzehn Jahre dürfen wählen.*

Regierung & Opposition

el partido

[par'tiðo] **die Partei**
Todos los partidos políticos aspiran a tener el poder. ➡ *Die politischen Parteien möchten alle an die Macht.*

el miembro

['mjembro] **das Mitglied**
A Miguel le interesa mucho la ecología. ➡ *Miguel interessiert sich sehr für Ökologie.*

el político
[po'litiko] la política
der Politiker, die Politikerin
No es políticamente correcto decir que las políticas son feas. ➡ *Es ist nicht politisch korrekt zu sagen, dass Politikerinnen hässlich sind.*

la política
[po'litika] **die Politik**
Se interesa mucho por la política y lee numerosos periódicos. ➡ *Er / Sie interessiert sich sehr für Politik und liest viele Zeitungen.*

político
[po'litiko] política **politisch**
La vida política en España es agitada. ➡ *Das politische Leben in Spanien schlägt hohe Wellen.*

la oposición
[oposi'θjon] **die Opposition**
La oposición espera llegar pronto al poder. ➡ *Die Opposition hofft, bald an die Macht zu kommen.*

el ministro
[mi'nistro] la ministra
der Minister, die Ministerin
El ministro de(l) interior ha convocado una reunión de urgencia. ➡ *Der Innenminister hat eine Notsitzung einberufen.*

el cargo
['karɣo] **das Amt**
Ya el primer día en el cargo introdujo cambios importantes. ➡ *An seinem ersten Tag im Amt führte er schon wichtige Veränderungen ein.*

el Parlamento
[parla'mento] **das Parlament**
El Parlamento ha votado en contra del proyecto de ley. ➡ *Das Parlament hat gegen die Gesetzesvorlage gestimmt.*

el Senado
[se'naðo] **die zweite Kammer des Parlaments**
El Senado en España representa a las provincias y a las comunidades autónomas. ➡ *Die zweite Kammer der Parlaments in Spanien vertritt die Provinzen und die autonomen Regionen.*

representar
[rrepresen'tar] **vertreten, repräsentieren**
En una democracia los políticos representan a los ciudadanos. ➡ *In einer Demokratie werden die Bürger durch Politiker vertreten.*

el debate

[de'βate] **die Debatte**
El debate televisivo entre los dos candidatos principales fue aburridísimo. ➡ *Das TV-Duell der beiden Spitzenkandidaten war total langweilig.* ugs

debatir

[deβa'tir] **diskutieren, debattieren**
Los políticos en el Parlamento debaten sobre la reforma del sistema educativo. ➡ *Die Politiker debattierten im Parlament die Reform im Bildungssystem.*

la disputa

[dis'puta]
die Auseinandersetzung
Tuvo lugar una disputa entre el jefe de la oposición y el presidente del Gobierno.
➡ *Zwischen dem Oppositionsführer und dem Ministerpräsidenten entwickelte sich eine Auseinandersetzung.*

argumentar

[arɣumen̪'tar] **argumentieren**
Deja de argumentar a favor de esa idea absurda. ➡ *Jetzt hör doch mal auf, dich für diese sinnlose Idee einzusetzen!*

discutir

[disku'tir] **diskutieren, streiten**
Discutieron acaloradamente sobre si se debían cerrar más colegios. ➡ *Sie stritten heftig darüber, ob noch mehr Schulen geschlossen werden sollten.*

estar de acuerdo

[-a'kwerðo] **zustimmen, der gleichen Meinung sein**
Gobierno y oposición nunca están de acuerdo.
➡ *Regierung und Opposition sind sich nie einig.*

acordar, ponerse de acuerdo

[akor'ðar] **sich einigen**
Acordaron posponer el asunto.
➡ *Sie einigten sich darauf, die Sache zu vertagen.*

a favor

[fa'βor] **für**
Varios ministros votaron a favor de la nueva ley.
➡ *Mehrere Minister stimmten für das neue Gesetz.*

en contra

[eŋ'kon̪tra] **gegen**
La oposición votó en contra de los planes del Gobierno.
➡ *Die Opposition stimmte gegen die Pläne der Regierung.*

el discurso

[dis'kurso] **die Rede**
El grupo católico se reunió para escuchar el discurso del Papa. ➡ *Die katholische Gruppe kam zusammen, um die Rede des Papstes anzuhören.*

¡Solo habla basura! / ¡Solo dice gilipolleces!

Der / Die redet einen Scheiß! *vulg*

Sozialstaat

rico

['rriko] rica **reich**
La brecha entre países pobres y ricos aumenta cada vez más. ➡ *Die Kluft zwischen armen und reichen Ländern vertieft sich immer mehr.*

pobre

['poβre] **arm**
Son pobres y apenas pueden pagar el alquiler. ➡ *Sie sind arm und können kaum ihre Miete bezahlen.*

el ingreso

[iŋ'greso] **das Einkommen**
En algunas áreas los ingresos han descendido notablemente. ➡ *In bestimmten Bereichen ist das Einkommen beachtlich gesunken.*

los impuestos

[im'pwestos] **die Steuer**
El Estado ha decidido aumentar los impuestos. ➡ *Der Staat hat entschieden, die Steuern zu erhöhen.*

la declaración de (la) renta

[deklara'θjon-]
die (Einkommen)steuererklärung
¿Has presentado ya la declaración de la renta de este año? ➡ *Hast du schon deine Steuererklärung für dieses Jahr abgegeben?*

libre de impuestos

['liβredeim'pwestos] **steuerfrei**
Me han ofrecido un trabajo en el extranjero con sueldo libre de impuestos. ➡ *Man hat mir eine Arbeit im Ausland mit steuerfreiem Gehalt angeboten.*

apoyar

[apo'ɟar] **unterstützen**
Apoyo a los manifestantes, tienen derecho a luchar así. ➡ *Ich unterstütze die Demonstranten – sie haben das Recht, so zu kämpfen.*

la mani(festación)

['mani] **die Demonstration, die Demo** *ugs*
La mani saldrá de la plaza del ayuntamiento. ➡ *Die Demo startet am Rathausplatz.*

la ayuda

[a'ɟuða] **die Unterstützung, die Beihilfe**
La ayuda del Estado a los necesitados es imprescindible. ➡ *Es ist unabdingbar, dass der Staat Bedürftige unterstützt.*

la prestación social

[presta'θjonso'θjal]
die Sozialleistung
¿Percibes alguna prestación social? ➡ *Bekommst du irgendwelche Sozialleistungen?*

el subsidio

[suβ'siðjo] **die (Geld)hilfe, die Unterstützung**
El subsidio de desempleo es la salvación de muchas personas en paro. ➡ *Das Arbeitslosengeld ist die Rettung für viele Arbeitslose.*

la jubilación

[xuβila'θjon] **die Pension, die Rente**
Leonardo ha preferido la jubilación anticipada. ➡ *Leonardo hat es vorgezogen, sich vorzeitig pensionieren zu lassen.*

Innen- & Außenpolitik

la forma de gobierno
[ˈformadegoˈβjerno] **die Regierungsform**
La forma de gobierno democrática en España es todavía relativamente joven.
➡ *Die demokratische Regierungsform in Spanien ist noch relativ jung.*

la patria
[ˈpatrja] **die Heimat, das Heimatland**
Los gallegos aman su patria.
➡ *Galizier lieben ihre Heimat.*

nacional
[naθjoˈnal] **national**
¿Quién ha decidido que sea de interés nacional? ➡ *Wer hat entschieden, dass das im nationalen Interesse liegt?*

nacionalista
[naθjonaˈlista] **nationalistisch**
Los partidos nacionalistas catalanes votaron en contra.
➡ *Die nationalistischen Parteien aus Katalonien stimmten dagegen.*

internacional
[ˈinternatsjoˈna:l] **international**
El convenio es importante para el comercio internacional.
➡ *Dieser Vertrag ist wichtig für den internationalen Handel.*

¡No entiendo ni jota cuando se trata de política exterior!
Was die Außenpolitik angeht, verstehe ich nur Bahnhof! *ugs*

extranjero[1]
[estraŋˈxero] extranjera **ausländisch**
Todavía tiene acento extranjero cuando habla español.
➡ *Er / Sie hat noch immer einen ausländischen Akzent, wenn er/sie Spanisch spricht.*

el extranjero[2]
[estraŋˈxero] la extranjera **der Ausländer, die Ausländerin**
Mis vecinos son extranjeros, vienen de Marruecos.
➡ *Meine Nachbarn sind Ausländer, sie kommen aus Marokko.*

el extranjero[3]

[estraŋˈxero] **das Ausland**
Marisa quiere estudiar ciencias políticas en el extranjero.
➡ *Marisa will Politikwissenschaften im Ausland studieren.*

el ministerio

[minisˈterjo] **das Ministerium**
El ministerio de interior y el de defensa colaboran estrechamente. ➡ *Das Innenministerium und das Verteidigungsministerium arbeiten eng zusammen.*

la capital

[kapiˈtal] **die Hauptstadt**
¿Cuándo trasladó Alemania su capital de Bonn a Berlín?
➡ *Wann verlegte Deutschland seine Hauptstadt von Bonn nach Berlin?*

la frontera (nacional)

[fron̪ˈtera] **die (Staats)grenze**
Los soldados patrullaron la frontera toda la noche.
➡ *Die Soldaten patrouillierten die ganze Nacht an der Grenze.*

la bandera

[ban̪ˈdera] **die Flagge, die Fahne**
La bandera de España es de dos colores: rojo y gualda.
➡ *Die Fahne von Spanien ist zweifarbig: rot und gelb.*

(la) Europa

[eu̯ˈropa] **(das) Europa**
Encontraréis un informe sobre el desarrollo sostenible de Europa en el sitio web de la UE.
➡ *Auf der Website der EU findet ihr einen Bericht über die nachhaltige Entwicklung Europas.*

la organización

[orɣaniθaˈθjon]
die Organisation
Juntos han creado una organización ecologista. ➡ *Sie haben gemeinsam eine Umweltschutzorganisation gegründet.*

la conferencia

[koɱfeˈren̪θja] **die Konferenz**
La conferencia internacional para la defensa de los animales fue un éxito. ➡ *Die internationale Tierschutzkonferenz war ein Erfolg.*

negociar

[neɣoˈθjar] **verhandeln**
Negociaron durante toda la noche sin resultado.
➡ *Sie haben die ganze Nacht lang erfolglos verhandelt.*

la negociación

[neɣoθjaˈθjon]
die Verhandlung
La nueva ley es el resultado de largas y arduas negociaciones.
➡ *Das neue Gesetz ist das Ergebnis langer und zäher Verhandlungen.*

el convenio
[kom'benjo] **der Vertrag, das Abkommen**
Este convenio cambiará el paisaje político europeo. ➡ *Dieser Vertrag wird die politische Landschaft Europas verändern.*

el acuerdo
[a'kwerðo] **die Vereinbarung, die Einigung**
Después de dos días de negociaciones por fin se alcanzó un acuerdo. ➡ *Nach zwei Tagen Verhandlung erzielte man endlich eine Einigung.*

oficial
[ofi'θjal] **offiziell, amtlich**
Nadie daba crédito al informe oficial. ➡ *Keiner glaubte dem offiziellen Bericht.*

el diplomático[1]
[diplo'matiko]
la diplomática
der Diplomat, die Diplomatin
En la embajada había numerosos diplomáticos extranjeros. ➡ *In der Botschaft waren lauter ausländische Diplomaten.*

diplomático[2]
[diplo'matiko] diplomática
diplomatisch
Hace años que ambos países tienen relaciones diplomáticas. ➡ *Seit Jahren pflegen beide Länder diplomatische Beziehungen.*

neutral
[neu̯'tral] **neutral**
En una democracia el monarca tiene que permanecer políticamente neutral. ➡ *In einer Demokratie muss ein Monarch politisch neutral bleiben.*

Auch in Spanien ist nicht alles, was man in der Umgangssprache hört, politisch korrekt. So werden etwa Katalanen wegen ihrer vermeintlich „unverständlichen" Sprache abwertend *polacos* (Polen) genannt, die Madrider tragen auch den negativ besetzten Spitznamen *madriles*.
Auf den Kanarischen Inseln nennt man die Festlandspanier *godos* (Goten), in Südamerika bezeichnet man die Spanier der Iberischen Halbinsel auch als *gallegos* (Galicier). Deutsche kennt man auch unter dem Spitznamen *cabezas cuadradas* (Quadratschädel), Südamerikaner werden als *sudacas* und Franzosen als *gabachos* bezeichnet.
Achtung! Keinen dieser Ausdrücke sollte man verwenden, da sie entweder abwertend oder oft sogar fremdenfeindlich sind.

el embajador
[embaxa'ðor] **la embajadora**
der Botschafter, die Botschafterin
El embajador da mañana por la noche una recepción. ➡ *Der Botschafter gibt morgen Abend einen Empfang.*

la embajada
[emba'xaða] **die Botschaft**
La recepción tendrá lugar en la embajada. ➡ *Der Empfang findet in der Botschaft statt.*

el consulado
[konsu'laðo] **das Konsulat**
¿Cuál es la diferencia entre un consulado y una embajada? ➡ *Was ist der Unterschied zwischen einem Konsulat und einer Botschaft?*

¡Ninguna persona es ilegal! Kein Mensch ist illegal!

el inmigrante
[inmi'ɣrante / immi'ɣrante]
la inmigrante
der Einwanderer, der Einwanderin
Los inmigrantes tienen a menudo dificultades para encontrar trabajo. ➡ *Einwanderer haben oft Schwierigkeiten, Arbeit zu finden.*

el sin papeles
la sin papeles
der illegale Einwanderer, die illegale Einwanderin
Es muy duro ser un sin papeles en Europa. ➡ *Es ist sehr hart, in Europa illegaler Einwanderer zu sein.*

la inmigración
[inmiɣra'θjon / immiɣra'θjon]
die Einwanderung
La nueva ley de inmigración es muy polémica. ➡ *Das neue Einwanderungsgesetz ist sehr umstritten.*

emigrar
[emi'ɣrar] **auswandern, emigrieren**
El próximo año emigraremos a Australia. ➡ *Wir wandern nächstes Jahr nach Australien aus.*

la emigración
[emiɣra'θjon]
die Auswanderung, die Emigration
Emigración significa dejar atrás el país de origen para vivir en un país nuevo. ➡ *Emigration bedeutet, sein Heimatland zu verlassen, um in einem anderen Land zu leben.*

Das Wichtigste in Kürze

Chismes y cotilleos	**Klatsch und Tratsch**
¡Genial!	*Cool! / (Sau)Geil!*
¡De puta madre! *vulg*	*Affengeil! / Saustark! / Erste Sahne!*
¡Jodó! / ¡Bestial!	*Krass!*
¿De veras? – De verdad, sin coñas.	*Echt? – Ja, ohne Scheiß!*
Qué fuerte. / Me parece muy fuerte.	*Das ist ja der Hammer!*
¡Vaya novedad!	*Ach, was du nicht sagst!*
¿No jodas? *vulg*	*Echt? / Verarschst du mich auch nicht?*
cotillear	*tratschen / klatschen*
rajar de alg / poner verde a alg	*über jdn lästern / herziehen*
poner a parir a alg	*über jdn lästern*

Im Notfall

Hilfe!

¡ay!
[ai̯] **aua!** *ugs*
¡Ay! ¡Me haces daño!
➡ *Aua! Du tust mir weh!*

el dolor
[do'lor] **der Schmerz**
¿Tienes dolor de muelas? ¿Quieres un calmante?
➡ *Hast du Zahnschmerzen? Willst du eine Tablette?*

doler
[do'ler] **schmerzen**
Me duele el estómago.
➡ *Ich habe Magenschmerzen.*

hacer(se) daño
[a'θer'daɲo] **(sich) wehtun**
¿Te has hecho daño?
➡ *Hast du dir wehgetan?*

hacer(se) una herida
[-'unae'riða] **(sich) verletzen**
Al caerme me he hecho una herida en la rodilla. ➡ *Als ich hingefallen bin, habe ich mir das Knie verletzt.*

la herida
[e'riða] **die Verletzung**
La enfermera se ha ocupado de mi herida. ➡ *Die Krankenschwester hat sich um meine Verletzung gekümmert.*

herido
[herido] herida **verletzt**
Está herido, lo han tirado escalera abajo. ➡ *Er ist verletzt, er wurde die Treppe hinuntergestoßen.*

ileso
[i'leso] **unversehrt**
Pepe salió ileso del accidente.
➡ *Pepe überstand den Unfall unversehrt.*

encontrarse
[eŋkoṇ'trarse] **sich fühlen**
¿Cómo te encuentras? Estás un poco pálido. ➡ *Wie fühlst du dich? Du siehst ein bisschen blass aus.*

estar bien
['bjen] **okay, in Ordnung sein**
¿Estás bien? ➡ *Bist du wieder okay?*

estar mejor
[me'xor] **gut gehen**
Está mucho mejor. ➡ *Es geht ihm / ihr viel besser.*

malo *ugs*
[malo] mala **krank**
Está mala con fiebre en la cama. ➡ *Sie liegt mit Fieber krank im Bett.*

Está malo, tiene cagarrina.

Er ist krank, er hat Dünnpfiff. *ugs*

enfermo

[enferma] enferma **krank**
Se encuentra mal, está enfermo. ➡ *Er fühlt sich nicht wohl, er ist krank.*

horroroso

[horro'roso] horrorosa **schlimm, schrecklich**
De verdad que tengo un dolor horroroso de cabeza.
➡ *Ich habe echt schreckliche Kopfschmerzen. ugs*

la fiebre

['fjeβre] **das Fieber**
Ayer tenía más de 39° de fiebre. ➡ *Gestern hatte er / sie über 39° Fieber.*

contagioso

[konta'xjoso] contagiosa **ansteckend**
Esa enfermedad es muy contagiosa. ➡ *Diese Krankheit ist sehr ansteckend.*

contagiar(se)

[konta'xjar] **(sich) anstecken, (sich) infizieren**
Se contagió por una trasfusión de sangre. ➡ *Er hatte sich bei einer Bluttransfusion infiziert.*

tener cura

[te'ner'kura] **heilbar**
Esta enfermedad suele tener cura. ➡ *Diese Krankheit ist in der Regel heilbar.*

incurable

[iŋku'raβle] **unheilbar**
Luisa tiene una enfermedad incurable. ➡ *Luisa leidet an einer unheilbaren Krankheit.*

el accidente

[aʸθi'ðente] **der Unfall**
Hubo tres heridos en el accidente. ➡ *Bei dem Unfall gab es drei Verletzte.*

ocurrir

[oku'rrir] **passieren, geschehen**
¿Cómo ocurrió el accidente?
➡ *Wie ist der Unfall passiert?*

romperse

[rrom'perse] **sich brechen**
Creo que me he roto el dedo.
➡ *Ich glaube, ich habe mir den Finger gebrochen.*

caerse

[ka'erse] **fallen**
Se cayó del caballo y se rompió la pierna. ➡ *Er / Sie fiel vom Pferd und brach sich das Bein.*

cortarse

[kor'tarse] **schneiden**
Se ha cortado la mano.
➡ *Er hat sich in die Hand geschnitten.*

ahogarse
[aoˈɣarse] **ertrinken, ertränken**
Hay turistas que no tienen cuidado y se ahogan en el mar Mediterráneo. ➡ *Es gibt Touristen, die nicht aufpassen und im Mittelmeer ertrinken.*

la ambulancia
[ambuˈlan̪θja]
der Krankenwagen
¡Rápido! ¡Llama a una ambulancia! ➡ *Schnell! Ruf einen Krankenwagen!*

la emergencia
[emerˈxen̪θja] **der Notfall**
En caso de emergencia marcar el 112. ➡ *Im Notfall 112 wählen.*

el salvador
[salβaˈðor] la salvadora
der Retter, die Retterin
Estoy muy agradecido a mis salvadores. ➡ *Ich bin meinen Rettern sehr dankbar.*

los bomberos
[bomˈberos] **die Feuerwehr**
Los bomberos han apagado un fuego en el bosque.
➡ *Die Feuerwehr hat ein Feuer im Wald gelöscht.*

la enfermedad
[eɱfermeˈðað] **die Krankheit**
El cáncer es una enfermedad muy grave. ➡ *Krebs ist eine schwere Krankheit.*

la víctima
[ˈbiktima] **das Opfer**
Han trasladado a las víctimas del atentado bomba al hospital. ➡ *Die Opfer des Bombenanschlags wurden ins Krankenhaus gebracht.*

el teléfono de emergencia
[-emerˈxen̪θja]
die Notrufnummer
El teléfono de emergencia en España es el 112. ➡ *Die Notrufnummer in Spanien lautet 112.*

la ayuda
[aˈɟuða] **die Hilfe**
Por favor, necesito ayuda.
➡ *Ich brauche Hilfe, bitte.*

¡Socorro! ¡Me están pisando los talones! Hilfe! Sie sind mir auf den Fersen! ugs

ir a por ayuda
[iraporaˈɟuða] **Hilfe holen**
Yo me ocuparé de él y tú vas a por ayuda. ➡ *Ich kümmere mich um ihn und du holst Hilfe.*

ayudar
[aɟu'ðar] **helfen**
Te puedo ayudar a levantarte. ➡ *Ich kann dir helfen aufzustehen.*

los primeros auxilios
[-au̯ˠ'siljos] **die Erste Hilfe**
Toda la tripulación tiene que hacer un cursillo de primeros auxilios. ➡ *Die gesamte Besatzung muss einen Erste-Hilfe-Kurs absolvieren.*

salvar
[sal'βar] **retten**
Casi se ahoga, un nadador lo salvó. ➡ *Er ist fast ertrunken, ein Schwimmer hat ihn gerettet.*

el vendaje
[beṇ'daxe] **der Verband**
El vendaje se tiene que cambiar cada tres días. ➡ *Der Verband muss jeden dritten Tag gewechselt werden.*

la tirita®
[ti'rita] **das Pflaster**
Me he cortado un dedo, ¿tienes una tirita®? ➡ *Ich habe mir in den Finger geschnitten, hast du ein Pflaster?*

vendar
[beṇ'dar] **verbinden**
¿Le puedes vendar esa herida? ➡ *Kannst du ihm diese Wunde verbinden?*

reanimar
[rreani'mar] **beatmen**
¡Tiene que ser reanimado de inmediato! ➡ *Er muss sofort beatmet werden!*

el desfibrilador
[desfiβrila'ðor] **der Defibrillator**
Los médicos tuvieron que utilizar incluso un desfibrilador. ➡ *Die Ärzte mussten sogar den Defibrillator benutzen.*

la sangre
['saŋgre] **das Blut**
Le han sacado sangre. ➡ *Sie haben ihm / ihr Blut abgenommen.*

sangrar
[saŋ'grar] **bluten**
La herida ya casi no sangraba. ➡ *Die Wunde blutete schon fast nicht mehr.*

inconsciente

[iŋkons'θjeṇte] **bewusstlos**
Lo encontraron inconsciente en la calle. ➡ *Er wurde bewusstlos auf der Straße gefunden.*

pedir ayuda

[pe'ðir-] **um Hilfe rufen / schreien**
Oímos cómo gritaban pidiendo ayuda. ➡ *Wir hörten, wie sie um Hilfe schrien.*

histérico

[is'teriko] histérica
hysterisch
Todos mantuvieron la calma, solo una mujer se puso bastante histérica.
➡ *Die meisten blieben ruhig, nur eine Frau wurde ziemlich hysterisch.*

el pánico

['paniko] **die Panik**
Que no cunda el pánico, todo saldrá bien. ➡ *Nur keine Panik, alles wird gut.*

grave

['graβe] **ernst**
La situación es muy grave.
➡ *Die Lage ist sehr ernst.*

la herida

[e'riða] **die Wunde**
Estaba sangrando de una herida en el pecho. ➡ *Er blutete aus einer Wunde in der Brust.*

el choque, shock

['tʃoke, ʃok] **der Schock**
Después del accidente todavía está en estado de choque / shock. ➡ *Er steht nach dem Unfall noch unter Schock.*

¡Como te pille te llevas una terapia de shock! Wenn ich dich kriege, schmiere ich dir eine! *ugs*

desmayarse

[desma'ɟarse] **in Ohnmacht fallen**
Varias personas se desmayaron por el calor.
➡ *Mehrere Leute wurden in der Hitze bewusstlos.*

la pastilla

[pas'tiʎa] **die Pille, die Tablette**
Te tienes que tomar una pastilla al día. ➡ *Du sollst jeden Tag eine Tablette nehmen.*

el medicamento

[meðika'meṇto]
das Medikament
No quiero tomar tantos medicamentos. ➡ *Ich möchte nicht so viele Medikamente einnehmen.*

la droga

['droɣa] **die Droge**
En principio todas las drogas están prohibidas.
➡ *Grundsätzlich sind alle Drogen verboten.*

Im Krankenhaus

el hospital

[ospi'tal] **das Krankenhaus**
Mi marido es médico, trabaja en el hospital. ➡ *Mein Mann ist Arzt, er arbeitet im Krankenhaus.*

el doctor

[dok'tor] la doctora
der Arzt, die Ärztin
El doctor Sánchez es pediatra.
➡ *Doktor Sánchez ist Kinderarzt.*

el médico

['meðiko] **la médica**
der Arzt, die Ärztin
El doctor Pérez es un médico muy reconocido.
➡ *Doktor Pérez ist ein äußerst anerkannter Arzt.*

el paciente

[pa'θjente] la paciente
der Patient, die Patientin
El paciente está fuera de peligro. ➡ *Der Patient befindet sich außer Gefahr.*

la seguridad social

[seɣuri'ðaðso'θjal]
die gesetzliche Krankenversicherung
En España hay hospitales de la seguridad social y hospitales privados. ➡ *In Spanien gibt es Krankenhäuser, die zur gesetzlichen Krankenversicherung gehören, und es gibt private Krankenhäuser.*

el seguro médico

[se'ɣuro'meðiko]
die Krankenversicherung
Es importante tener un buen seguro médico. ➡ *Es ist wichtig, eine gute Krankenversicherung zu haben.*

la cartilla (del seguro)

[kar'tiʎa] **die (Kranken) versicherungskarte**
Antes de ingresar en un hospital te piden la cartilla del seguro. ➡ *Bevor man ins Krankenhaus eingeliefert wird, wird man nach der Versicherungskarte gefragt.*

el médico de cabecera / familia

[-kaβe'θera, fa'milja]

la médico / médica de cabecera / familia

der (Allgemein)arzt, die (Allgemein)ärztin

Si es una gripe ves al médico de cabecera. ➡ *Wenn du Grippe hast, gehe bitte zum Arzt.*

la consulta

[kon'sul̦ta] **die Sprechstunde, die Praxis**

El médico no tiene consulta los lunes. ➡ *Der Arzt hat montags keine Sprechstunde.*

la sala de espera

[-es'pera] **das Wartezimmer**

Siéntate un momento en la sala de espera, por favor. ➡ *Nimm bitte für einen Augenblick Platz im Wartezimmer.*

el (médico) especialista

[espeθja'lista]

la (médica) especialista

der Facharzt, die Fachärztin

El médico de cabecera me ha dado un volante para el especialista. ➡ *Der Allgemeinarzt hat mich zu einem Facharzt überwiesen.*

el dentista

[den̦'tista] la dentista

der Zahnarzt, die Zahnärztin

A Sonia le duelen las muelas, tendrá que ir al dentista. ➡ *Sonia hat Zahnschmerzen, sie wird wohl zum Zahnarzt gehen müssen.*

¡Tú alucinas o qué! Geht's dir noch gut? *ugs*

estar echado

[e'tʃaðo] estar echada

liegen

El muchacho estaba echado en el césped. ➡ *Der Junge lag auf der Wiese.*

tratar

[tra'tar] **behandeln**

¿En qué hospital te están tratando? ➡ *In welchem Krankenhaus lässt du dich behandeln?*

el tratamiento

[trata'mjen̦to] **die Behandlung**

La quimioterapia es un tratamiento muy agresivo. ➡ *Chemotherapie ist eine sehr aggressive Behandlung.*

la radiografía

[rraðjoɣraˈfia] **das Röntgenbild**
Aquí vemos la radiografía de su brazo. ➡ *Hier sieht man das Röntgenbild von seinem / ihrem Arm.*

curar(se)

[kuˈrar] **heilen**
A pesar de lo grave que era su enfermedad, los médicos consiguieron curarlo.
➡ *Trotz seiner schweren Krankheit haben die Ärzte es geschafft, ihn zu heilen.*

descubrirse la parte de arriba

[deskuˈβrirse-] **den Oberkörper frei machen**
Descúbrete la parte de arriba y respira profundamente.
➡ *Mach den Oberkörper frei und atme tief ein und aus.*

darse la vuelta

[-ˈbwel̩ta] **sich umdrehen**
Date la vuelta para que pueda examinar la espalda.
➡ *Dreh dich um, damit ich mir deinen Rücken anschauen kann.*

examinar

[eˠsamiˈnar] **untersuchen**
El médico me ha examinado la herida. ➡ *Der Arzt hat meine Verletzung untersucht.*

el reconocimiento

[rrekonoθiˈmjen̩to]
die Untersuchung
¿Te han dado ya los resultados del reconocimiento? ➡ *Hast du die Ergebnisse deiner Untersuchung schon?*

la prueba

[ˈprweβa] **der Test**
Harán un par de pruebas para averiguar qué es lo que no marcha. ➡ *Sie machen ein paar Tests, um herauszufinden, was nicht in Ordnung ist.*

el diagnóstico

[djaɣˈnostiko] **die Diagnose**
Tengo mis dudas de que el diagnóstico del médico sea correcto. ➡ *Ich habe Zweifel daran, ob der Arzt die richtige Diagnose gestellt hat.*

diagnosticar

[djaɣnostiˈkar]
diagnostizieren, eine Diagnose stellen
Es una enfermedad muy difícil de diagnosticar.
➡ *Diese Krankheit ist sehr schwer zu diagnostizieren.*

la receta (médica)

[rreˈθeta] **das (Arzt)rezept**
¿Te ha dado el médico una receta para los medicamentos?
➡ *Hat dir der Arzt ein Rezept für die Medikamente ausgestellt?*

guardar cama

[gwar'ðar'kama] **das Bett hüten**

Tendrás que guardar cama hasta que estés curado.

➡ *Du musst das Bett hüten, bis du wieder gesund bist.*

el enfermero

[eɱfer'mero] la enfermera **der Krankenpfleger, die Krankenschwester**

La enfermera se ocupa de los pacientes en el hospital.

➡ *Die Krankenschwester versorgt die Patienten im Krankenhaus.*

Handelt es sich um einen Notfall, sollte man in Spanien den Euronotruf 112 wählen. Unter dieser Rufnummer ist eine Leitstelle zu erreichen, die je nach Notfall die zuständigen Organisationen wie Polizei, Rettungsdienst oder Feuerwehr alarmiert.
Zudem hat jede Organisation in Spanien auch eine eigene Notrufnummer: 902 222 292 für *Cruz Roja* (Rotes Kreuz), 080 für *bomberos* (Feuerwehr), 091 für *Policía nacional* (Nationalpolizei) und 062 für *Guardia Civil* (Staatspolizei).

la operación

[opera'θjon] **die Operation**

Una operación de corazón es muy complicada.

➡ *Eine Herzoperation ist sehr kompliziert.*

la anestesia (general)

[anes'tesja] **die (Voll)narkose**

En cualquier caso debemos operar con anestesia general.

➡ *Das müssen wir auf jeden Fall unter Vollnarkose operieren.*

vivo

['biβo] viva **lebendig, am Leben**

¡Lo más importante es que estás vivo! ➡ *Das Wichtigste ist, dass du am Leben bist!*

muerto

['mwerto] muerta **tot**

No he visto a una persona muerta en mi vida. ➡ *Ich habe noch nie einen Toten gesehen.*

la muerte

['mwerte] **der Tod**

Su muerte repentina nos ha impactado mucho a todos.

➡ *Sein / Ihr plötzlicher Tod hat uns alle sehr schockiert.*

el cadáver

[ka'ðaβer] **die Leiche**

Encontraron un cadáver en el bosque. ➡ *Im Wald wurde eine Leiche gefunden.*

morir
[mo'rir] **sterben**
Mi padre murió cuando yo tenía cuatro años. ➡ *Mein Vater starb, als ich vier Jahre alt war.*

fallecer
[faʎe'θer] **ums Leben kommen**
Falleció en un accidente de coche. ➡ *Er / Sie kam bei einem Autounfall ums Leben.*

sobrevivir
[soβreβi'βir] **überleben**
¿Ha sobrevivido alguien al accidente de avión? ➡ *Hat irgendjemand den Flugzeugabsturz überlebt?*

la salud
[sa'luð] **die Gesundheit**
Parece un tópico, pero la salud es lo más importante.
➡ *Es scheint eine Binsenweisheit zu sein, aber Gesundheit ist tatsächlich das Wichtigste im Leben.*

sano
['sano] sana **gesund**
Se ha de prestar atención a una dieta saludable.
➡ *Man muss auf eine gesunde Ernährung achten.*

Das Wichtigste in Kürze

En la farmacia	**In der Apotheke**
la aspirina®	*das Aspirin®*
la crema para las quemaduras del sol	*die Sonnenbrandsalbe*
el desinfectante	*das Desinfektionsmittel*
las gotas	*die Tropfen*
el insecticida	*das Insektizid*
la insulina	*das Insulin*
el jarabe (contra la tos)	*der Hustensaft*
el laxante	*das Abführmittel*
el medicamento	*das Medikament*
el medicamento para la circulación de la sangre	*das Kreislaufmittel*
la pastilla	*die Tablette*
las pastillas contra el dolor	*die Schmerztabletten*
las pastillas para el dolor de cabeza	*die Kopfschmerztabletten*
la pomada	*die Salbe*
la pomada para quemaduras	*die Brandsalbe*
la receta	*das Rezept*
los somníferos	*die Schlaftablette*
el termómetro	*der Thermometer*
la tirita®	*das Pflaster*
el tranquilizante	*das Beruhigungsmittel*
la venda elástica	*die Elastikbinde*

Raum und Zeit

Tageszeiten

la mañana

[ma'ɲana] **der Morgen, der Vormittag**
Cada mañana me levanto a las seis. ➡ *Ich stehe jeden Morgen um sechs Uhr auf.*

el mediodía

[meðjo'dia]
der Mittag (zwölf Uhr)
Normalmente hace más calor al mediodía. ➡ *In der Regel ist es über Mittag am wärmsten.*

después del mediodía

[des'pwes-] **der Nachmittag**
Los alemanes dirían que los españoles comen después del mediodía. ➡ *Die Deutschen würden sagen, dass Spanier erst nachmittags zu Mittag essen.*

la tarde

['tarðe] **der Abend, der Nachmittag**
Os invito a merendar el sábado por la tarde en mi casa.
➡ *Wollt ihr am Samstagnachmittag vorbeikommen und eine Kleinigkeit bei mir essen?*

la noche

['notʃe] **die Nacht, der Abend**
Os invito a cenar en mi casa el jueves por la noche.
➡ *Wollt ihr am Sonntag zum Abendessen bei mir vorbeikommen?*

el día

['dia] **der Tag**
¡Que tengas un buen día!
➡ *Ich wünsche dir einen schönen Tag!*

ayer

[a'ɟer] **gestern**
¡Me acuerdo como si hubiera sido ayer! ➡ *Ich erinnere mich noch, als wäre es erst gestern gewesen!*

anteayer

[an̩tea'ɟer] **vorgestern**
Anteayer no lo vi.
➡ *Vorgestern habe ich ihn nicht gesehen.*

hoy

[oi̯] **heute**
Todos los autobuses llegan hoy con retraso. ➡ *Heute haben alle Busse Verspätung.*

¡Que es para hoy!
Na, mach schon! *ugs*

mañana
[maˈɲana] **morgen**
¡Hasta mañana! ➡ *Bis morgen!*

pasado mañana
[paˈsaðo-] **übermorgen**
Nos encontraremos pasado mañana a las cuatro.
➡ *Wir treffen uns übermorgen um vier Uhr.*

la fecha
[ˈfetʃa] **das Datum**
¿Qué fecha es (la de) hoy?
➡ *Welches Datum haben wir heute?*

de… a…
[de a] **von … bis …**
De las ocho a las nueve (horas).
➡ *Von acht bis neun Uhr.*

a partir
[aparˈtir] **ab**
Puedes ir a buscar el paquete a partir de las dos del mediodía.
➡ *Du kannst dein Paket ab vierzehn Uhr abholen.*

la hora
[ˈora] **die Stunde**
Una hora no son más que sesenta minutos.
➡ *Eine Stunde ist nichts anderes als sechzig Minuten.*

el minuto
[miˈnuto] **die Minute**
¡Dame cinco minutos!
➡ *Fünf Minuten, bitte!*

el segundo
[seˈɣuṇdo] **die Sekunde**
Este reloj no marca los segundos. ➡ *Diese Uhr zeigt die Sekunden nicht an.*

el reloj
[rreˈlox] **die Uhr**
Luisa me ha regalado un reloj carísimo. ➡ *Luisa hat mir eine sündhaft teure Uhr geschenkt.*

Disculpa, ¿tienes hora? Entschuldige, hast du eine Uhr?

pronto
[ˈproṇto] **bald; früh**
Espero saber pronto de vosotros. ➡ *Ich hoffe, bald von euch zu hören.*

temprano
[temˈprano] **früh**
Cada día salgo de casa muy temprano. ➡ *Ich gehe jeden Tag sehr früh aus dem Haus.*

después
[desˈpwes] **nach, danach**
Primero haz el primer ejercicio, el resto los puedes hacer después. ➡ *Mach zuerst die erste Übung, die anderen kannst du dann danach machen.*

luego
[ˈlweɣo] **nachher**
¡Hasta luego! ➡ *Bis nachher!*

en punto
[enˈpun̪to] **genau, Punkt ...**
¡Siempre llega a la hora en punto! ➡ *Er kommt immer auf die Minute genau!*

hacia
[ˈaθja] **gegen**
Vendrá hacia el mediodía.
➡ *Er / Sie wird gegen Mittag kommen.*

puntual
[pun̪tuˈal] **pünktlich**
Los españoles no somos muy puntuales... ➡ *Wir Spanier sind nicht wirklich pünktlich ...*

prolongar
[proloŋˈgar] **verlängern**
Hemos prolongado nuestra estancia en España una semana. ➡ *Wir haben unseren Aufenthalt in Spanien um eine Woche verlängert.*

inmediatamente
[inmeðjataˈmen̪te] **sofort**
Se ha ido inmediatamente después de hablar por teléfono. ➡ *Er / Sie ist sofort nach dem Telefonat gegangen.*

el momento
[moˈmen̪to] **der Moment**
Un momento, por favor, en seguida te atiendo.
➡ *Einen Moment bitte, ich bin gleich für dich da.*

a veces
[aˈbeθes] **manchmal**
A veces quiero estar sola.
➡ *Manchmal will ich einfach allein sein.*

Wochentage

el día de la semana
[-seˈmana] **der Wochentag**
¿Qué día de la semana es hoy?
➡ *Welcher Wochentag ist heute?*

¡Espera hasta que las ranas críen pelo! Da kannst du warten, bis du schwarz wirst! *ugs*

la semana
[se'mana] **die Woche**
María solo trabaja cuatro días a la semana. ➡ *María arbeitet nur vier Tage in der Woche.*

semanal(mente)
[sema'nal] **wöchentlich**
Los cursos de natación son semanales. ➡ *Die Schwimmkurse finden wöchentlich statt.*

el lunes
['lunes] **der Montag**
Ven el lunes próximo a las tres de la tarde. ➡ *Komm nächsten Montag um 15 Uhr.*

el martes
['martes] **der Dienstag**
¡Nos vemos el martes!
➡ *Bis Dienstag!*

el miércoles
['mjerkoles] **der Mittwoch**
Cada miércoles hace sauna.
➡ *Er / Sie geht jeden Mittwoch in die Sauna.*

el jueves
['xweβes] **der Donnerstag**
Se ha citado conmigo el jueves a las seis de la tarde. ➡ *Ich bin mit ihm / ihr am Donnerstag um 18 Uhr verabredet.*

¡Felipe no es nada del otro jueves!
Felipe ist nichts Besonderes.

el viernes
['bjernes] **der Freitag**
El viernes pasado estuve en el cine. ➡ *Letzten Freitag bin ich ins Kino gegangen.*

el sábado
['saβaðo] **der Samstag**
El sábado es día de mercadillo.
➡ *Am Samstag ist Markttag.*

el domingo
[do'miŋgo] **der Sonntag**
Cada segundo domingo se queda con su padre.
➡ *Jeden zweiten Sonntag ist er bei seinem Vater.*

el fin de semana
[fin de-] **das Wochenende**
¡Que tengas un buen fin de semana! ➡ *Schönes Wochenende!*

el finde *fam*
['finde] **das Wochenende**
¿Qué vas a hacer el finde?
➡ *Was machst du am Wochenende?*

Monate

el mes
[mes] **der Monat**
Tienes que esperar dos meses más. ➡ *Du sollst zwei weitere Monate warten.*

mensual(mente)
[men'sual] **monatlich**
Le pasa mensualmente los alimentos a su exmujer. ➡ *Er zahlt seiner Exfrau monatliche Alimente.*

(el) enero
[e'nero] **der Januar**
Ha estado nevando todo el mes de enero. ➡ *Es hat den ganzen Januar über geschneit.*

(el) febrero
[fe'βrero] **der Februar**
Mi cumpleaños es en febrero. ➡ *Ich habe im Februar Geburtstag.*

(el) marzo
['marθo] **der März**
La primavera empieza en marzo. ➡ *Der Frühling beginnt im März.*

(el) abril
[a'βril] **der April**
Los árboles frutales florecen el abril. ➡ *Im April blühen die Obstbäume.*

(el) mayo
['maɟo] **der Mai**
Me encanta pasear por Granada en mayo. ➡ *Ich liebe es, im Mai durch Granada zu bummeln.*

(el) junio
['xunjo] **der Juni**
Me voy a tomar días libres en junio. ➡ *Ich werde mir im Juni ein paar Tage freinehmen.*

(el) julio
['xuljo] **der Juli**
A finales de julio nos vamos de vacaciones. ➡ *Wir fahren Ende Juli in den Urlaub.*

(el) agosto
[a'ɣosto] **der August**
En agosto toda España está de vacaciones. ➡ *Im August ist ganz Spanien im Urlaub.*

(el) septiembre
[sep'tjembre] **der September**
En España el colegio empieza en septiembre. ➡ *In Spanien fängt die Schule in September an.*

(el) octubre
[ok'tuβre] **der Oktober**
Ella cumplirá los 20 en octubre. ➡ *In Oktober wird sie 20.*

(el) noviembre
[no'βjembre] **der November**
Estará ausente del 15 al 30 de noviembre. ➡ *Er / Sie wird vom 15. bis zum 30. November abwesend sein.*

(el) diciembre
[di'θjembre] **der Dezember**
En diciembre aumentó la tasa de paro. ➡ *Im Dezember stieg die Arbeitslosigkeit an.*

el año
['aɲo] **das Jahr**
El año ha pasado volando. ➡ *Das Jahr ist blitzschnell vergangen.*

anual(mente)
[anwal('men̩te)] **jährlich**
El Festival de teatro de Mérida tiene lugar anualmente en agosto. ➡ *Das Theaterfestival in Mérida findet jedes Jahr im August statt.*

la agenda
[a'xen̩da]
der Terminkalender
He anotado nuestra cita en la agenda. ➡ *Ich habe unseren Termin in den Terminkalender eingetragen.*

el calendario
[kalen̩'darjo] **der Kalender**
Mira en el calendario qué santo se celebra hoy. ➡ *Schau mal im Kalender nach, welcher Namenstag heute gefeiert wird.*

el trimestre
[tri'mestre] **das Vierteljahr**
Este trimestre se me ha hecho muy corto. ➡ *Dieses Schulquartal kam mir sehr kurz vor.*

Die Spanier sind gar nicht so streng katholisch, wie man im Rest Europas immer glauben mag. Das spanische Leben ist nicht vom Glauben, sondern eher vom Aberglauben geprägt: Schwarze Katzen, oder schwarze Tiere im Allgemeinen, gelten nicht gerade als Glücksbringer. Und auch das Salz umzuschütten oder eine offene Schere auf dem Tisch liegen zu lassen bringt Unglück. Und ähnlich wie in Deutschland Freitag der 13. gilt in Spanien und Lateinamerika Dienstag der 13. als Unglückstag.

el semestre
[seˈmestre] **das Halbjahr, das Semester**
Hemos trabajado todo un semestre en este proyecto. ➡ *An diesem Projekt haben wir ein ganzes Semester lang gearbeitet.*

la estación
[estaˈθjon] **die Jahreszeit**
Mi estación favorita es la primavera. ➡ *Meine Lieblingsjahreszeit ist der Frühling.*

la primavera
[primaˈβera] **der Frühling**
¡La primavera es la época del año más bonita! ➡ *Der Frühling ist die schönste Jahreszeit!*

el verano
[beˈrano] **der Sommer**
En verano solemos ir a menudo a la playa. ➡ *Im Sommer gehen wir oft zum Strand.*

el otoño
[oˈtoɲo] **der Herbst**
El otoño está llegando, las hojas han empezado a caerse de los árboles. ➡ *Der Herbst kommt, die Blätter fallen bereits von den Bäumen.*

el invierno
[imˈbjerno] **der Winter**
En invierno me gusta ir a esquiar. ➡ *Im Winter gehe ich gerne Ski fahren.*

Raum

la dirección
[direˠˈθjon] **die Richtung; die Adresse**
Cambió de dirección muy bruscamente. ➡ *Er / Sie wechselte abrupt die Richtung.*

(a) donde / (a)dónde
[ˈdon̪de] **wo(hin)**
¿Adónde vas? ➡ *Wohin gehst du?*

aquí
[aˈki] **hier**
Te lo dejo aquí, ¿vale? ➡ *Ich lasse es hier, okay?*

allí

[a'ʎi] allá **da, dort**
Iré allá donde tú vayas.
➡ *Ich werde dort hingehen, wo du hingehst.*

a la derecha

[de'retʃa] **rechts, auf der rechten Seite**
A la parte derecha podéis ver la biblioteca nueva. ➡ *Auf der rechten Seite könnt ihr die neue Bibliothek sehen.*

a la izquierda

[iθ'kjerða] **links, auf der linken Seite**
Tomad la primera calle a la izquierda, después del semáforo. ➡ *Nehmt nach der Ampel die erste Straße links.*

todo recto

['toðo'rekto] **geradeaus**
Primero ve todo recto y después (toma) la segunda calle a la derecha.
➡ *Zuerst gehst du geradeaus und dann die zweite Straße rechts entlang.*

girar, torcer

[xi'rar, tor'θer] **abbiegen**
Girar a la derecha después de la gasolinera. ➡ *An der Tankstelle rechts abbiegen.*

al lado

['laðo] **nebenan**
¿Cuántas personas viven al lado? ➡ *Wie viele Leute wohnen nebenan?*

delante (de), enfrente (de)

[de'lan̪te, eɱ'fren̪te] **gegenüber (von)**
Nos encontramos en el café delante de la iglesia.
➡ *Wir treffen uns im Café gegenüber der Kirche.*

detrás

[de'tras] **(da)hinter**
Detrás de la casa hay un pequeño patio. ➡ *Hinter dem Haus gibt es einen kleinen Hof.*

cruzar

[kru'θar] **überqueren**
Hay que cruzar el puente para ir a casa de nuestros amigos.
➡ *Man muss die Brücke überqueren, um zu unseren Freunden zu kommen.*

lejos (de)

['lexos] **weit (von)**
La oficina de turismo no está lejos de aquí. ➡ *Das Fremdenverkehrsamt ist nicht weit von hier (entfernt).*

cerca

['θerka] **nah(e), in der Nähe**
Vivimos cerca de la playa. ➡ *Wir wohnen in der Nähe vom Strand.*

llegar

[ʎe'ɣar] **das Ziel erreichen**
¡Por fin hemos llegado! ➡ *Endlich haben wir das Ziel erreicht!*

perderse

[per'ðerse] **sich verlaufen, sich verfahren**
¡No puede ser! Nos hemos vuelto a perder. ➡ *Oh nein! Wir haben uns schon wieder verlaufen!*

Zahlen

Zahlen & Mengen

el número[1]

['numero] **die Nummer**

No sé su número de teléfono de memoria. ➡ *Ich weiß seine / ihre Telefonnummer nicht auswendig.*

el número[2]

['numero] **die Zahl**

Mi número de la suerte es el cuatro. ➡ *Meine Glückszahl ist die Vier.*

la cantidad

[kan̪ti'ðað] **die Menge**

No eches mucha cantidad de azúcar en la tarta.
➡ *Schütte nicht so viel Zucker in die Torte!*

cuánto

['kwan̪to] **wie viel**

¡Es increíble cuánto has crecido! ➡ *Es ist unglaublich, wie du gewachsen bist!*

todo

['toðo] **alles**

¿Has comprado todo?
➡ *Hast du alles gekauft?*

todo(s)

['toðo] toda(s) **alle**

En la lista están todos los nombres. ➡ *Alle Namen stehen auf der Liste.*

cada

['kaða] **jeder, jede, jedes**

Cada miembro tiene una bebida gratis. ➡ *Jedes Mitglied bekommt ein kostenloses Getränk.*

mucho

['mutʃo] **sehr**

Me gusta mucho tu peinado.
➡ *Deine Frisur gefällt mir sehr gut.*

mucho(s)

['mutʃo] mucha(s) **viel**

Hoy tengo mucho tiempo libre.
➡ *Heute habe ich viel Freizeit.*

El que mucho abarca, poco aprieta. Weniger ist manchmal mehr.

más

[mas] **mehr**

No quiero más, gracias.
➡ *Ich möchte nichts mehr, danke.*

menos
['menos] **weniger**
Ahora como menos que antes. ➡ *Ich esse jetzt weniger als früher.*

nada
['naða] **nichts**
Los invitados no han comido nada. ➡ *Die Gäste haben nichts gegessen.*

Nadie da nada gratis. Nichts ist umsonst.

ningún / ninguno(s)
[niŋ'gun(o)] ninguna(s)
keiner, keine, keins
No me queda ningún cigarro. ➡ *Ich habe keine Zigaretten mehr.*

la pieza
['pjeθa] **das Stück, das Teil**
Al puzle le falta una pieza. ➡ *Bei dem Puzzle fehlt ein Teil.*

la mitad
[mi'tað] **die Hälfte**
Amanda ya se ha leído la mitad del libro. ➡ *Amanda hat schon die Hälfte des Buches gelesen.*

(el) doble
['doβle] **doppelt**
Me han puesto el doble de pasta que a ti. ➡ *Ich habe doppelt so viel Pasta wie du bekommen.*

(el) triple
['triple] **dreifach**
El médico le ha prescrito el triple de la dosis normal. ➡ *Der Arzt hat ihm / ihr das Dreifache der gängigen Dosis verschrieben.*

cero
['θero] **0 null**

un(o), una
['un(o)] **1 eins**

dos
[dos] **2 zwei**

tres
[tres] **3 drei**

cuatro
['kwatro] **4 vier**

cinco
['θiŋko] **5 fünf**

seis
[sei̯s] **6 sechs**

siete
['sjete] **7 sieben**

ocho
['otʃo] **8 acht**

nueve
['nweβe] **9 neun**

diez
[djeθ] **10 zehn**

once
['onθe] **11 elf**

doce
['doθe] **12 zwölf**

trece
['treθe] **13 dreizehn**

catorce
[ka'torθe] **14 vierzehn**

quince
['kinθe] **15 fünfzehn**

dieciséis
[djeθi'seis] **16 sechzehn**

diecisiete
[djeθi'sjete] **17 siebzehn**

dieciocho
[djeθi'otʃo] **18 achtzehn**

diecinueve
[djeθi'nweβe] **19 neunzehn**

veinte
['beinte] **20 zwanzig**

veintiuno
[bein'tjuno] **21 einundzwanzig**

veintidós
[beinti'ðos]
22 zweiundzwanzig

veintitrés
[beinti'tres] **23 dreiundzwanzig**

treinta
['treinta] **30 dreißig**

cuarenta
[kwa'renta] **40 vierzig**

cincuenta
[θiŋ'kwenta] **50 fünfzig**

sesenta
[se'senta] **60 sechzig**

setenta
[se'tenta] **70 siebzig**

ochenta
[o'tʃenta] **80 achtzig**

noventa
[no'βenta] **90 neunzig**

cien
[θjen] **100 hundert**

ciento uno
['θjento'uno]
101 hundert(und)eins

doscientos
[dos'θjentos] **200 zweihundert**

quinientos
[ki'njentos] **500 fünfhundert**

novecientos
[noβe'θjentos]
900 neunhundert

mil
[mil] **1000 tausend**

un millón
[unmiˈʎon] **1000 000**
eine Million

mil millones
[milmiˈʎones] **1000 000 000**
eine Milliarde

primer(o)
[priˈmer(o)] primera
erster, erste, erstes

segundo
[seˈɣuṇdo] segunda
zweiter, zweite, zweites

tercero
[terˈθero] tercera
dritter, dritte, drittes

cuarto
[ˈkwarto] cuarta
vierter, vierte, viertes

quinto
[ˈkiṇto] quinta
fünfter, fünfte, fünftes

sexto
[ˈsesto] sexta
sechster, sechste, sechstes

séptimo
[ˈseptimo] séptima
siebter, siebte, siebtes

octavo
[okˈtaβo] octava
achter, achte, achtes

noveno
[noˈβeno] novena
neunter, neunte, neuntes

décimo
[ˈdeθimo] décima
zehnter, zehnte, zehntes

Maße & Gewichte

el kilo(gramo), quilo(gramo)
[kiloˈɣramo] **das Kilo(gramm)**
Ponme dos kilos de manzanas.
➡ *Zwei Kilo Äpfel, bitte.*

el gramo
[ˈgramo] **das Gramm**
Un huevo de ganso pesa entre 150 y 200 gramos.
➡ *Ein Gänseei wiegt zwischen 150 und 200 Gramm.*

pesar
[peˈsar] **wiegen**
Él pesa siempre los ingredientes antes de mezclarlos.
➡ *Er wiegt die Zutaten immer ab, bevor er sie mischt.*

pesado

[pe'saðo] pesada **schwer**
Es una carga pesada.
➡ *Es ist eine schwere Last.*

ligero

[li'xero] ligera **leicht**
La almohada es ligera.
➡ *Das Kopfkissen ist leicht.*

el medio kilo

['meðjo'kilo] **das Pfund**
Ponme medio kilo de cerezas.
➡ *Ein Pfund Kirschen, bitte.*

el litro

['litro] **das / der Liter**
Para preparar esta receta necesito un litro de leche.
➡ *Für dieses Rezept brauche ich einen Liter Milch.*

la tonelada

[tone'laða] **die Tonne**
La estatua pesa más de una tonelada. ➡ *Die Statue wiegt über eine Tonne.*

el volumen

[bo'lumen] **das Volumen**
¿Qué volumen tiene el aljibe?
➡ *Welches Volumen hat der Wassertank?*

el kilómetro, quilómetro

[ki'lometro] **der Kilometer**
Mis padres viven a diez kilómetros de nosotros.
➡ *Meine Eltern wohnen zehn Kilometer von uns entfernt.*

el metro

['metro] **der Meter**
El ayuntamiento está a 200 metros de aquí. ➡ *Das Rathaus befindet sich 200 Meter von hier entfernt.*

la altura

[al̦'tura] **die Größe**
¿Qué altura tengo yo? Un metro ochenta. ➡ *Wie groß ich bin? 1,80 m.*

grande

['gran̦de] **groß**
Vivimos en una ciudad grande.
➡ *Wir leben in einer großen Stadt.*

largo

['larɣo] larga **lang**
Necesito una cuerda larga para atar el equipaje. ➡ *Ich brauche eine lange Schnur, um das Gepäck festzubinden.*

profundo
[proˈfuṇdo] **profunda** **tief**
El lago es muy profundo.
➡ *Der See ist sehr tief.*

ancho
[ˈanʧo] **ancha** **breit**
La mesa no cabe en la cocina, es demasiado ancha.
➡ *Der Tisch passt nicht in die Küche, er ist zu breit.*

¡Esa tía es una estrecha! Die Tante ist total verklemmt! *ugs*

estrecho
[esˈtreʧo] **estrecha** **schmal**
El camino era realmente estrecho. ➡ *Der Weg war sehr schmal.*

Glücksspiele haben in Spanien eine lange Tradition. Man denke hier etwa an die *Lotería Nacional* (Staatslotterie), die von König Carlos III 1763 eingeführt wurde, oder an die *ONCE*, die von der spanischen Blindenorganisation täglich organisierte Lotterie.
Diese alte Tradition hat sogar dazu geführt, dass manche Zahlen Kosenamen bekommen haben: Die 1 ist der *galán* (Verehrer), die 15 wird *niña bonita* (schönes Mädchen) und die 22 *dos patitos* (zwei Entlein) genannt.

Wort für Wort

Spanisch

A

B

C

D

E

I

J

K

L

M

N

O

Deutsch

B

F

G

H

I

J

K

L